Heike Schütz

Das grosse Bibelbastelbuch

50 Bastelanleitungen
zu biblischen und religiösen Themen

Mit Illustrationen von Elisabeth Focken

aussaat

Verlagsgesellschaft des Erziehungsvereins mbH, Neukirchen-Vluyn
www.nvg-medien.de
Titelgestaltung: Hartmut Namislow unter Verwendung eines Fotos von © Susanne Güttler – fotolia.com
Satz: Breklumer Print-Service, Breklum
Druck: Fuck-Druck, Koblenz
Printed in Germany
ISBN 978-3-7615-5606-1
Best.-Nr.: 155606

Inhaltsverzeichnis

Allgemeine Themen

Einleitung

In den meisten Kindergottesdiensten gehört das Basteln ganz selbstverständlich dazu. Viele Bastelsachen sind mit wenig Vorbereitung zu besorgen und die Kinder haben immer einen riesigen Spaß, sich kreativ zu betätigen. Die Geschichten, die sie hören, bleiben anhand einer Bastelarbeit besser im Gedächtnis. Person aus der Bibel bekommen Gesichter. Sicher nicht die historisch korrekten, aber immerhin. Die Kinder können durch diese Bastelarbeiten etwas mit nach Hause nehmen, das sie im Verlauf der Woche an den Kindergottesdienst erinnert.

In diesem Buch finden Sie zu allen gängigen Themen des Alten und Neuen Testaments und zu allgemeinen religiösen Themen komplette Bastelideen. In der Materialiste sind alle Dinge aufgezählt, die Sie benötigen, auch die Werkzeuge. Die Bastelvorlagen kopieren Sie einfach ab. Aber Achtung: Achten Sie darauf, dass sie eventuelle Vergrößerungen bei allen Vorlagen genau gleich machen, da sonst die einzelnen Teile nicht mehr zusammenpassen.

Die Altersangaben sind geschätzt nach den Kindern, die diese Bastelarbeiten schon einmal gebastelt haben. Dennoch sind dies keine allgemeingültigen Angaben. Jede Gruppe ist anders und jedes Kind hat unterschiedliche Fähigkeiten.

Die Bastelanleitungen sind einmal in der „Du" Form und einmal in der „Sie" Form geschrieben. Bei einfachen Arbeiten habe ich die „Sie" Form gewählt, weil ich glaube, es reicht, wenn Sie die Bastelschritte einmal ansagen. Bei komplizierteren Arbeiten habe ich die „Du" Form gewählt, da es vielleicht besser ist, wenn Sie die Bastelanleitung kopieren und alle Kinder (wenn sie lesen können) diese vorliegen haben.

Altes Testament

Schöpfung in sieben Tagen

Eingangsgedanken: 1. Mose 1
Gott hat diese Welt in sieben Tagen geschaffen. Er hat sie bunt und schön gestaltet. Er hat uns Menschen einen Partner/eine Partnerin gegeben, mit dem/der wir unser Leben verbringen können. Er hat uns Tiere gegeben, mit denen wir auf dieser Erde leben können. Er hat uns Pflanzen und Berge, Wolken und den Sonnenschein gegeben. Diese Erde ist groß und mächtig, aber gleichzeitig auch zart und verletzlich. Wir Menschen müssen gut auf diese Erde aufpassen, denn sie ist Gottes Schöpfung.

Alter: 5 und älter

Materialliste:
Bastelbogen A und B, weißes, dickes Papier/weiße Pappe, feine Stifte in kräftigen Farben, Scheren, Klebestifte

Vorbereitung:
Kopieren Sie die beiden Bastelbogen auf weißen Karton. Sollte das mit Ihrem Kopierer möglich sein, vergrößern Sie die Vorlagen auf DIN A3, mindestens aber auf DIN A4.

Bastelteile und Anleitung:
Die Kinder malen zunächst die einzelnen Bereiche aus und schneiden dann die Vorlagen aus. Die freien Flächen unter dem Dach dienen nur der Stabilität und werden nicht angemalt.

Bastelbogen A:

Zuerst malst du alle Bildchen an. Ritze dann mit einer Schere oder einem spitzen Gegenstand die Seitenstriche nach und klebe die ausgeschnittene Fläche zu einem oben offenen Würfel zusammen.

Bastelbogen A
Schöpfung

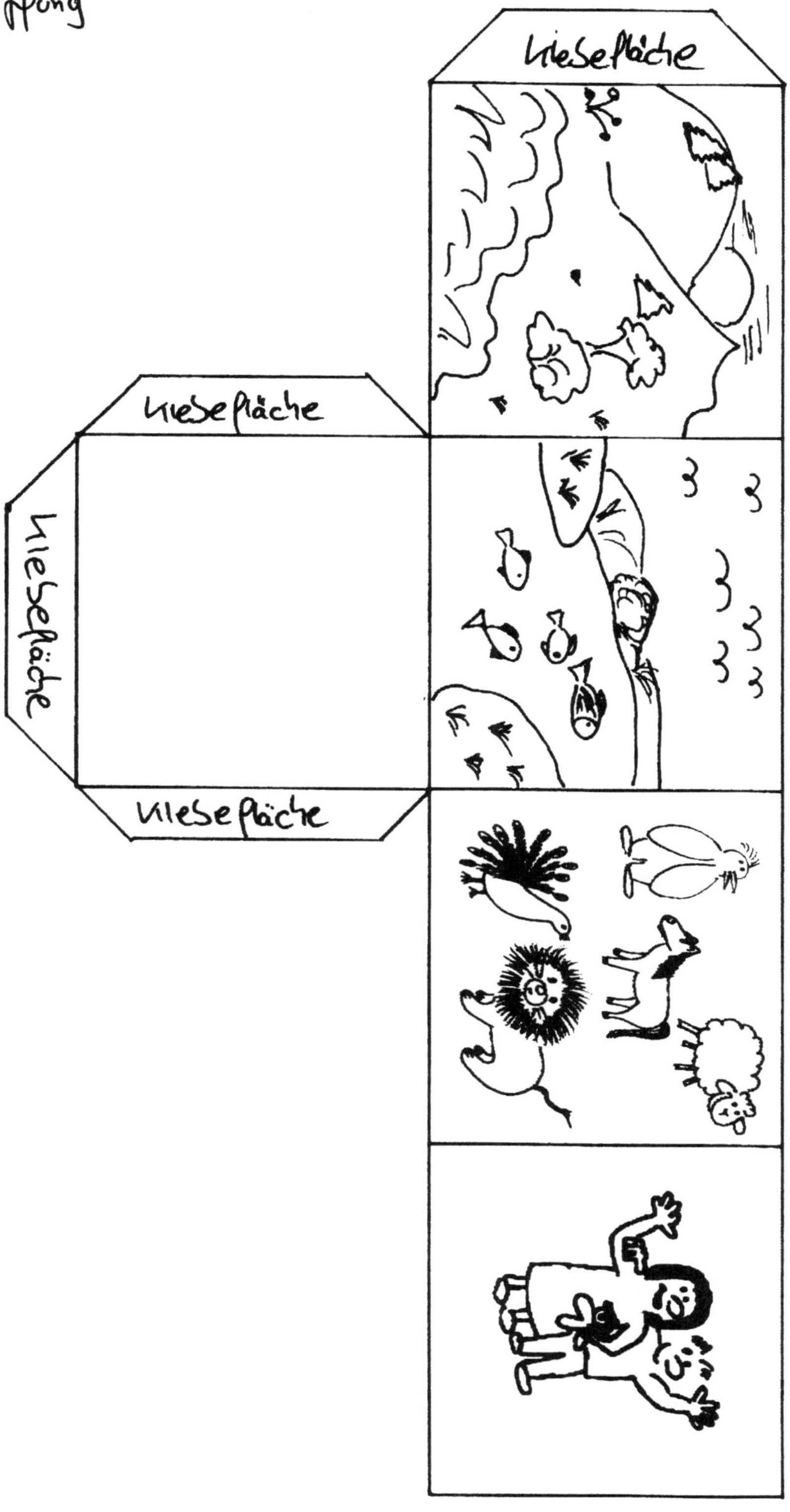

Bastelbogen B:
Zuerst malst du alle Bildchen an. Ritze dann mit einer Schere oder einem spitzen Gegenstand die Seitenstriche nach und klebe die ausgeschnittene Fläche zu einer Pyramide zusammen, wobei die freien Flächen einfach runterhängen. Diese Pyramide wird als Dach auf den Würfel A gesetzt. Die freien Flächen steckst du in den Würfel hinein.

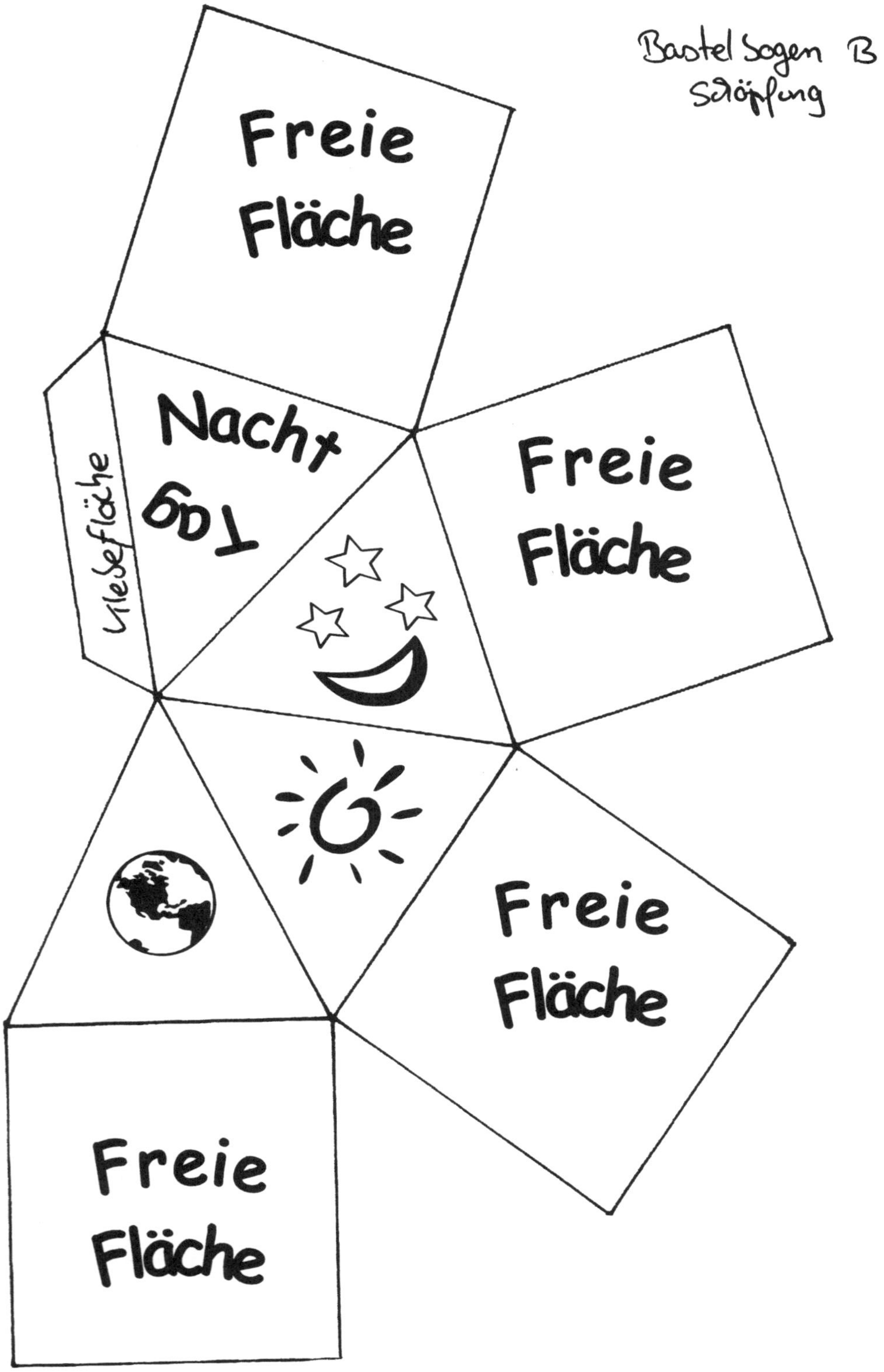

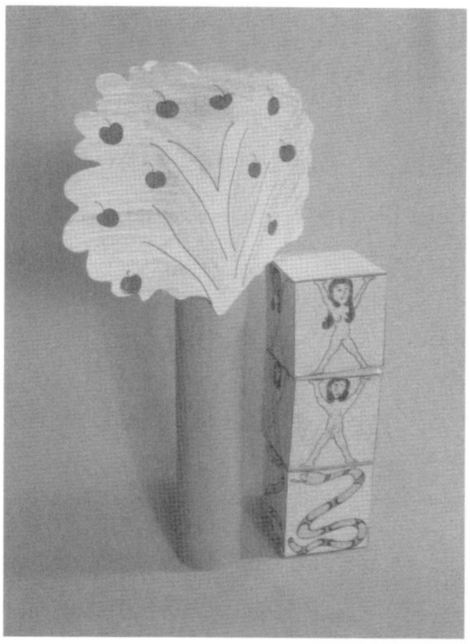

Mann und Frau und eine Schlange

Eingangsgedanken: 1. Mose 3
Der „Sündenfall" ist ein Teil der biblischen Geschichte, der im Laufe der Jahretausende immer wieder mit neuen Schwerpunkten interpretiert wurde. In den meisten dieser Interpretationen ist die Frau die Dumme. Dabei ist sie den verführerischen Reden der Schlage erlegen. Hätte die Schlange Adam zuerst angesprochen, wer sagt denn, dass er ihr widerstanden hätte? Eva hat Adam die Frucht vom diesem speziellen Baum angeboten und er hat sie genommen. Er wurde nicht gezwungen, zuzubeißen. Alle drei waren also an dem „Sündenfall" beteiligt.
Mit der folgenden Bastelarbeit können sich die Kinder ihre eigenen Fantasien machen, wer in dieser Pyramide des Fruchtkomplottes wen unterstützt und wen verführt hat.

Alter: 5 und älter

Materialliste:
Bastelbogen A bis E, weißes, dickes Papier/weiße Pappe, feine Stifte in kräftigen Farben, Scheren , Klebestifte, Papprolle (z. B. vom Küchenpapier)

Vorbereitung:
Kopieren Sie die fünf Bastelbogen auf weißen Karton (DIN A4).

Bastelteile und Anleitung:
Die Kinder malen zunächst die einzelnen Bereiche aus und schneiden dann die Vorlagen aus.

Bastelbogen A:
Dies ist die Grundfläche der Bastelarbeit, also ein „Stück Rasen aus dem Paradies". Die Fläche malst du am besten grün an und schneidest sie aus. Dann faltest du sie an der gestrichelten Linie und klebst sie zusammen. Dann wird die Papprolle (von einem Erwachsenen) mit einer Heißklebepistole in den markierten Kreis geklebt.

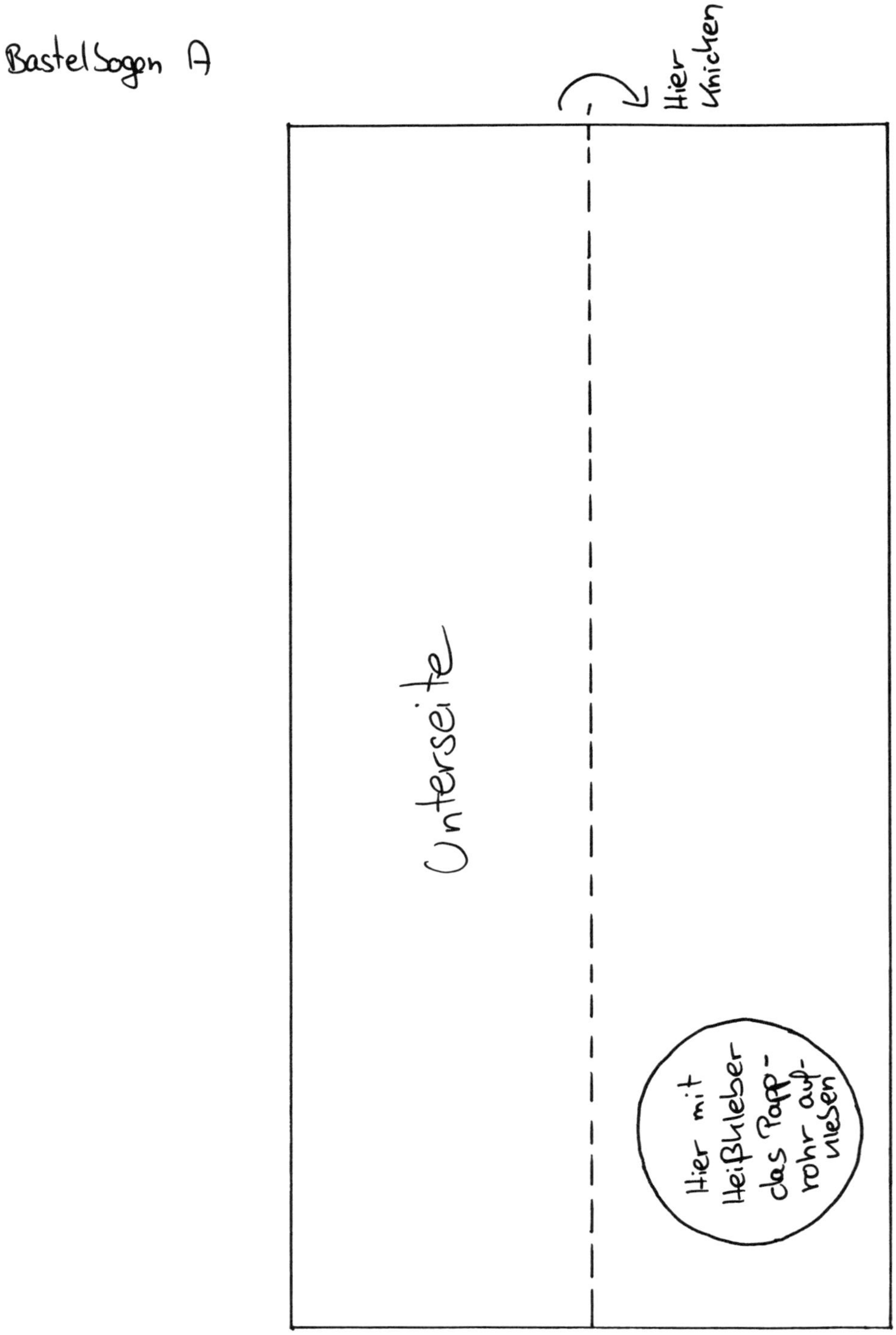

Bastelbogen B:

Male die beiden Seiten des Baumes an und schneide sie dann aus. Bestreiche die Rückseiten mit Klebstoff und klebe sie so um den Stamm zusammen, dass noch 17 Zentimeter vom Stamm übrigbleiben.

Bastelbogen C:

Zuerst malst du alle Bildchen an. Ritze dann mit einer Schere oder einem spitzen Gegenstand die Seitenstriche nach und klebe die ausgeschnittene Fläche zu einem Würfel zusammen.

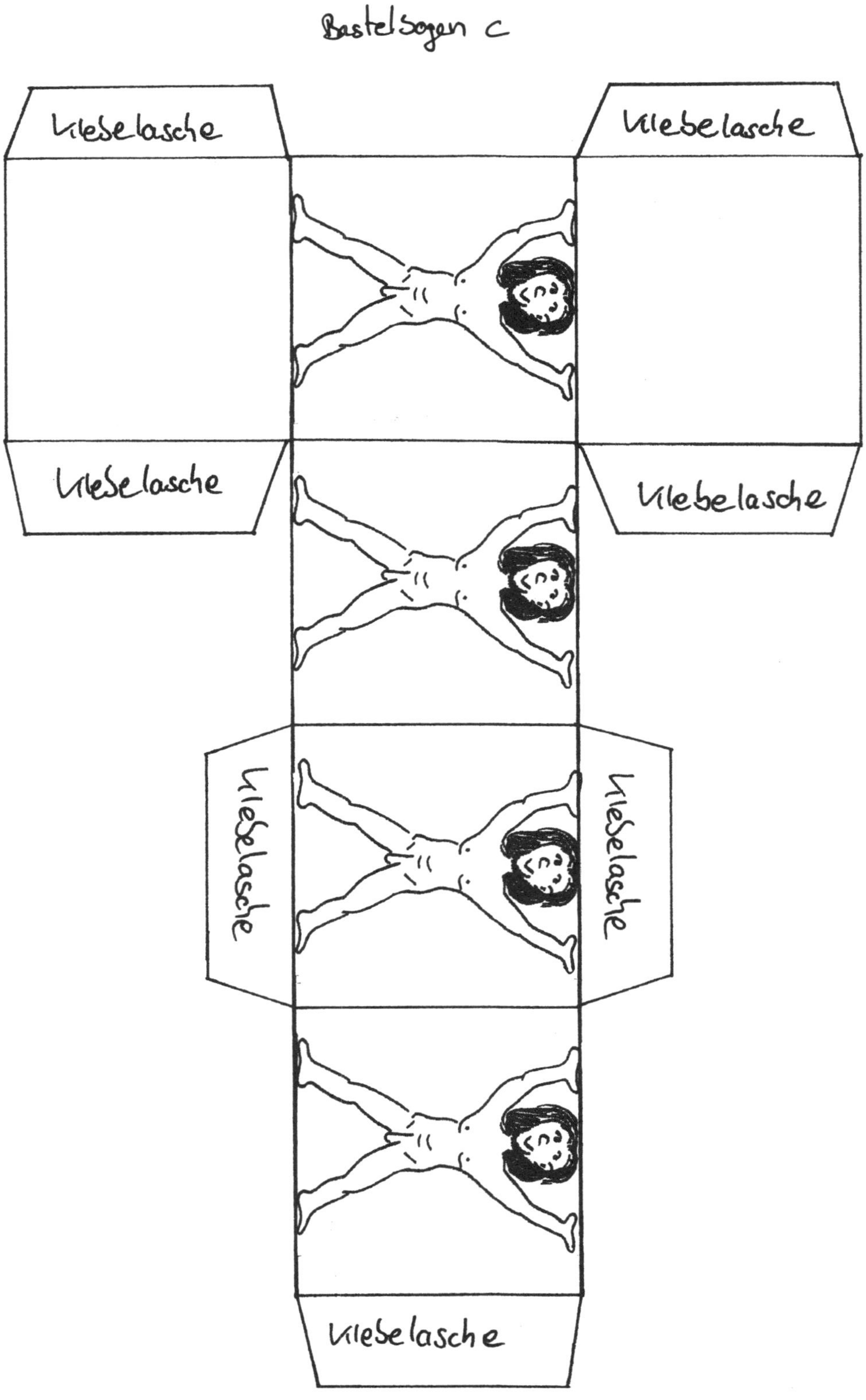

Bastelbogen D:
Zuerst malst du alle Bildchen an. Ritze dann mit einer Schere oder einem spitzen Gegenstand die Seitenstriche nach und klebe die ausgeschnittene Fläche zu einem Würfel zusammen.

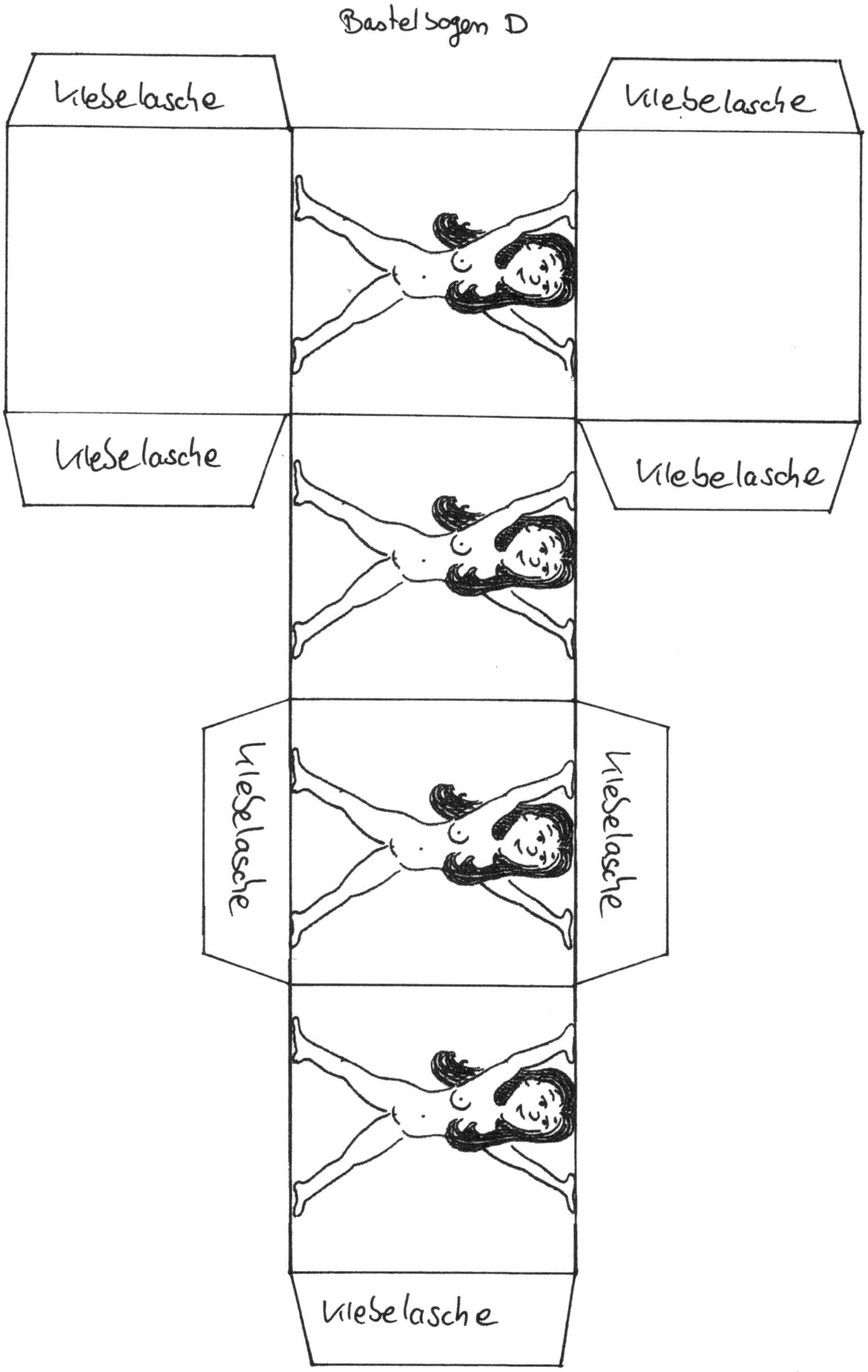

Bastelbogen E:

Zuerst malst du alle Bildchen an. Ritze dann mit einer Schere oder einem spitzen Gegenstand die Seitenstriche nach und klebe die ausgeschnittene Fläche zu einem Würfel zusammen.

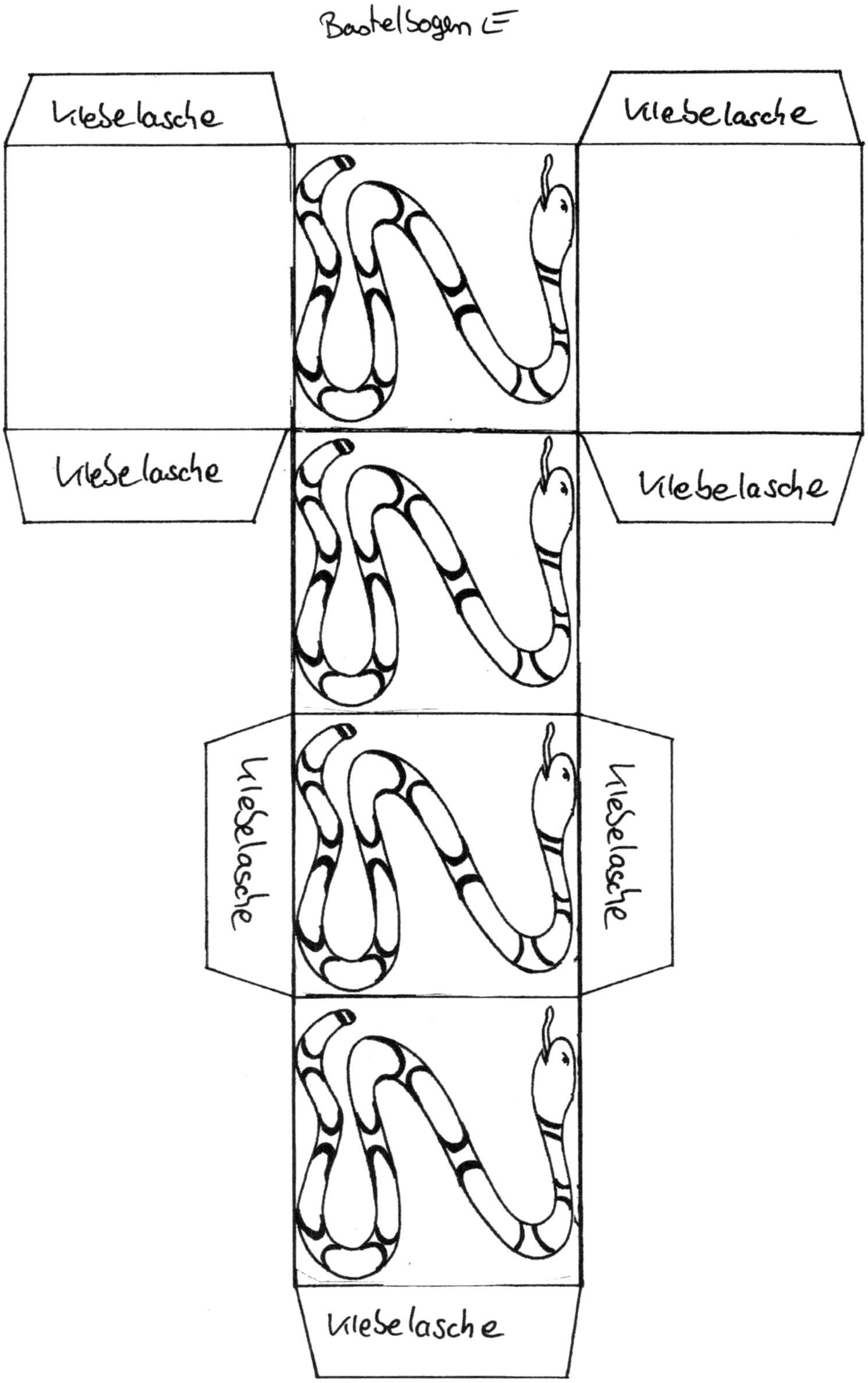

Kain und Abel

Eingangsgedanken: 1. Mose 4
Adam und Eva hätten mit ihren Söhnen Kain und Abel vielleicht auch außerhalb des Paradieses ein beschauliches Leben führen können, aber es kam noch schlimmer. Der Brudermord überschattet die Anfänge der Geschichte. Der erste Mord in der Geschichte der Menschheit findet ausgerechnet zwischen zwei Brüdern statt. Auch für Kinder, denen diese Geschichte neu ist, wirkt diese Tatsache schockierend. Die Familie soll doch der Ruhepol im Leben sein, das Nest, in das man zurückkommt. Auch wenn alle Kinder, die Geschwister haben, vielleicht nachvollziehen können, dass es Momente gibt, in denen man seiner Schwester oder seinem Bruder am liebsten in die Suppe spucken würde, ist die Lösung „Mord" doch ein absolut indiskutabler Gedanke. Nun ist es aber geschehen. Wie aber kann man sich merken, wer wen ermordet hat? Kain Abel, oder Abel Kain? Ganz einfach: Kain ermordete Abel, aber Abel ermordete keinen! Die folgende Bastelarbeit ist Bastel- und Merkblatt in einem.

Alter: ab 4 Jahre

Materialliste:
Bastelbogen A, weißes Papier DIN A3 oder größer, feine Stifte in kräftigen Farben, Scheren, Klebestifte

Vorbereitung:
Kopieren Sie den Bastelbogen auf weißes Papier (DIN A3 oder größer).

Bastelteile und Anleitung:
Die Kinder malen zunächst die einzelnen Bereiche aus und schneiden dann die Vorlagen aus.

Bastelbogen A:
Male die einzelnen Bildchen an und ritze mit einer Schere oder einem spitzen Gegenstand die Seitenstriche nach. Dann schneidest du die Vorlage aus. Die Seiten A und B (ganz rechts und ganz links) knickst du nach hinten um und klebst sie dort fest. Dann klappst du die beiden Seiten wie Schranktüren wieder nach vorne.

Arche Noah

Eingangsgedanken: 1. Mose 6-9
Noah hat als Schutz vor der Sintflut das riesige Schiff Arche gebaut, auf der von jeder Art Tiere zwei Stück Platz hatten. Außerdem konnte er seine Familie retten. Dieser Teil der Geschichte klingt nach Rettung und einem glückliches Ende. Nebensächlich sind dabei die vielen Menschen, die diese Sintflut nicht überlebt haben. Wir lesen dieses Kapitel der Bibel und fühlen uns gerne mitgerettet. Aber wer sagt uns denn, dass wir zu Noah Familie gehört hätten? Waren alle anderen Menschen wirklich so schlecht, dass sie ertrinken mussten? Anscheinend ja. Zum Glück müssen wir uns diese Gedanken nur theoretisch machen, da Gott uns am Ende der biblischen Geschichte von der Arche Noah mit dem Regenbogen signalisiert, dass er eine solche Sintflut nie wieder auf die Erde schicken wird. Daher ist auch in dieser Bastelarbeit ein Regenbogen der Hauptblickfang. Gott gibt uns das Versprechen, einen neuen Anfang mit uns zu wagen und uns mit seiner Fürsorge zur Seite zu stehen, so lange wir leben.

Alter: 5 und älter

Materialliste:
Bastelbogen A bis C, weißes, dickes Papier/weiße Pappe, feine Stifte in kräftigen Farben, Scheren, Klebestifte

Vorbereitung:
Kopieren Sie die drei Bastelbogen auf weißen Karton (DIN A4).

Bastelteile und Anleitung:
Die Kinder malen zunächst die einzelnen Bereiche aus und schneiden dann die Vorlagen aus.

Bastelbogen A:
Dies ist die Grundfläche der Bastelarbeit. Die Fläche mit den Blumen kannst du grün anmalen, das ist das Land. Die freie Fläche ist das restliche Wasser und sollte blau sein. Nach dem Anmalen schneidest du die Fläche rundherum aus.

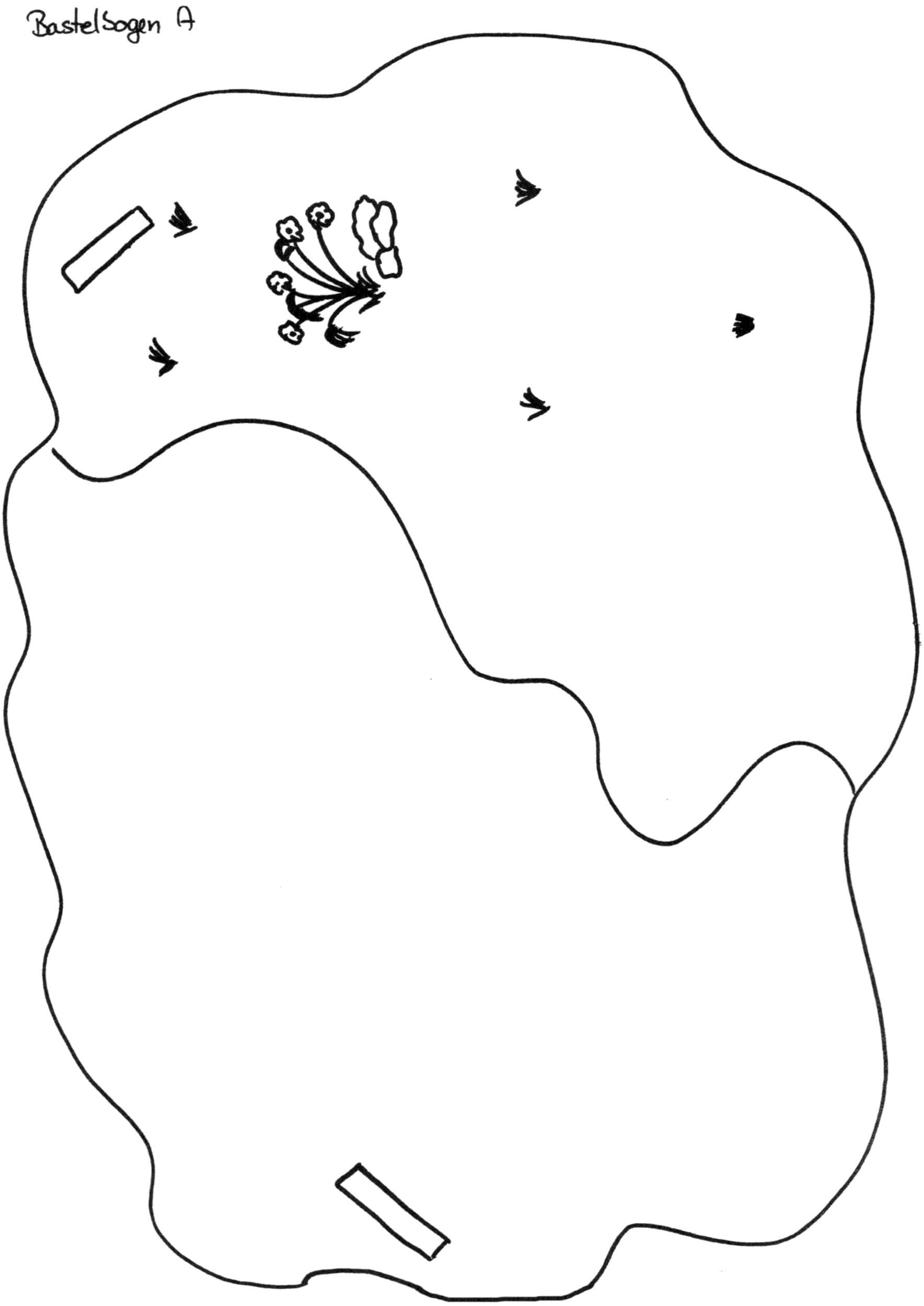

Bastelbogen B:
Der Regenbogen spannt sich über die ganze Grundfläche. Male in an und schneide ihn aus. Dann knickst du die beiden Klebelaschen nach hinten um, bestreichst sie mit Klebstoff und klebst sie in die beiden Kästchen auf der Grundfläche.

Bastelbogen B

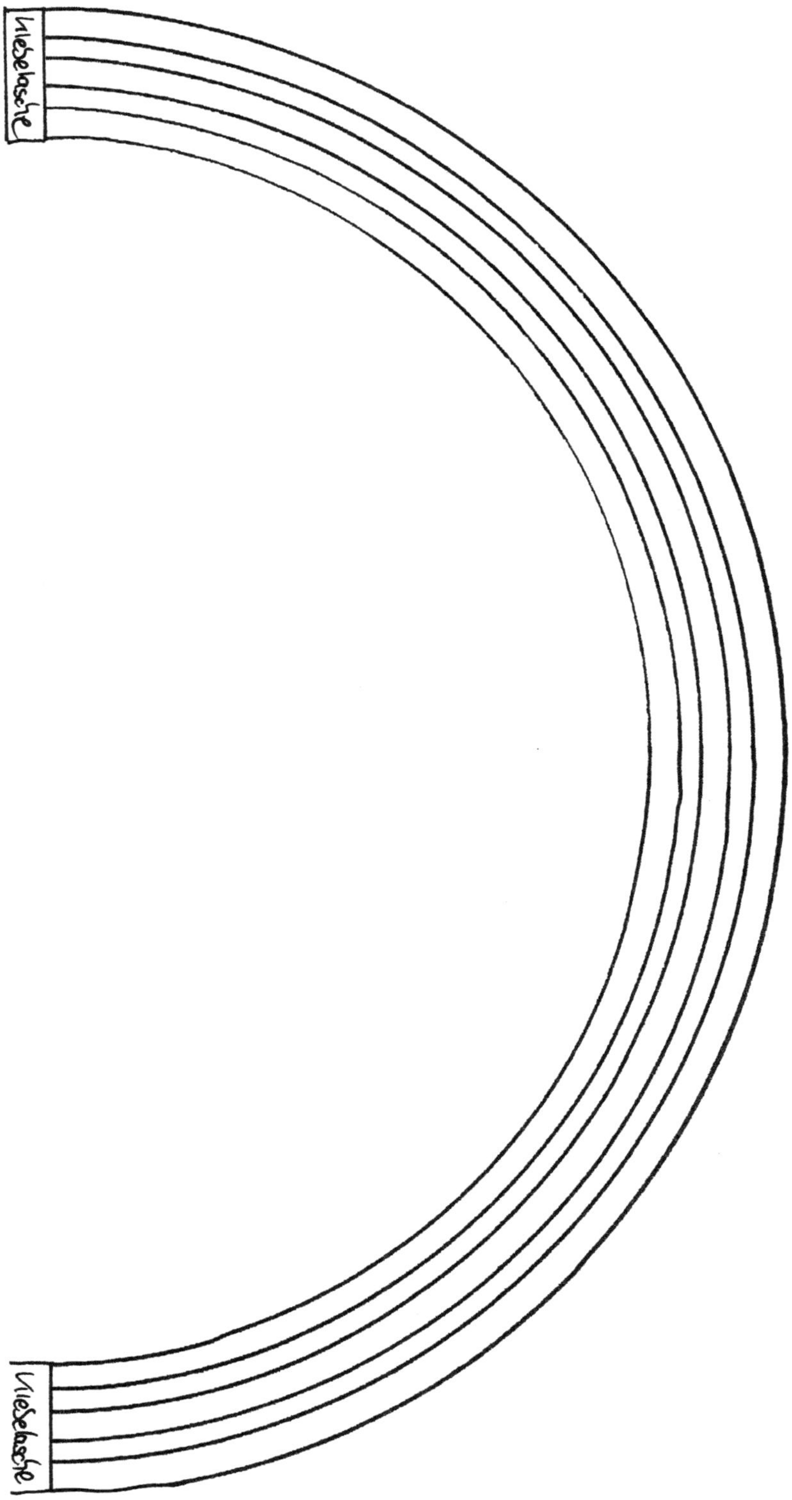

Bastelbogen C:
Dies ist die Vorlage der Arche und der Tiere. Schneide alle Teile aus, nachdem du sie angemalt hast. Bei der Arche setzt du den Schiffsboden und das Schiffsdeck zwischen die beiden Bootsteile. Das Schiff ist vorne und hinten offen. Anschließend verteilst du alle Dinge auf deiner Grundfläche.

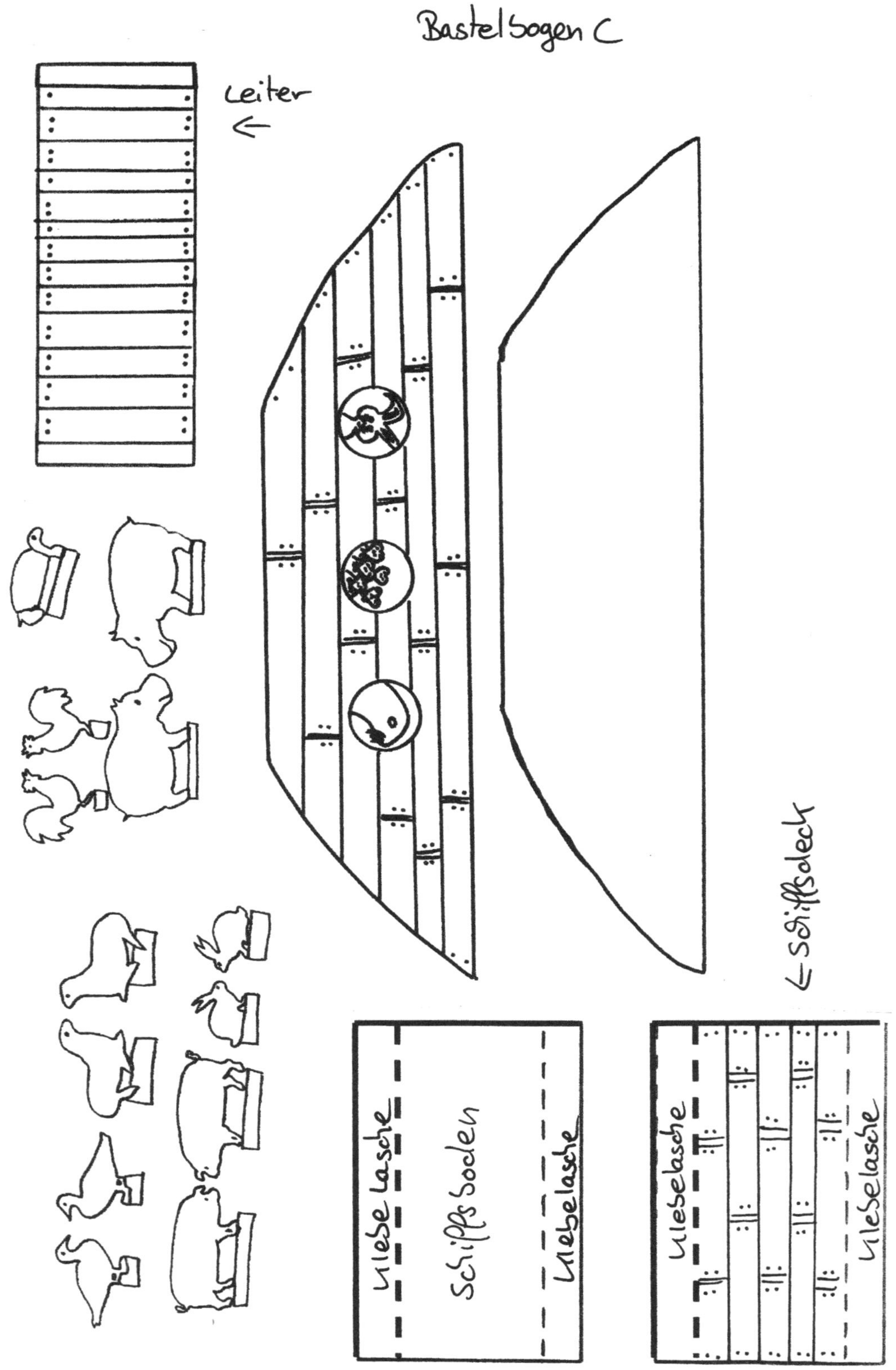

Der Turmbau zu Babel

Eingangsgedanken: 1. Mose 11,1-9
Höher, schneller, besser. Wenn man die Geschichte vom Turmbau zu Babel liest und sich in der heutigen Welt umsieht, muss man feststellen, dass sich leider nicht viel verändert hat. Die Menschen damals haben den Bezug zur Realität verloren. So ein riesiger Turm, ohne dass er als Aussichtsturm oder Leuchtturm eine besondere Funktion hätte, war für die Menschen damals gar nicht nötig. Dennoch haben sie ihn gebaut. Sie wollten die Größten sein, sie wollten Gott nahe sein, die späteren Generationen sollten sich an sie erinnern. Erinnern tun wir uns, aber nicht mit der Erfurcht, die die Menschen damals erwartet hatten, sondern mit der Erkenntnis, dass es nicht wichtig ist, immer höher hinaus zu wollen als andere, dass es nicht möglich ist, sich auf diesem Wege Gott zu nähern.
Die Kinder sollen auch Türme basteln. Sie können ihrer Phantasie freien Lauf lassen. Natürlich werden sie hoch bauen, denn es soll ja ein Turm werden und kein Hühnerstall, aber auch sie müssen im Auge behalten, dass es immer wackeliger wird, je höher man baut.

Alter: ab 3 Jahre

Materialliste:
Leere Becher und Dosen aller Art (Joghurtbecher, Konservendosen, Shampooflaschen ...), mehrere Rollen Kreppklebeband, Kleister, Zeitungen und Fingerfarbe oder buntes Seidenpapier

Vorbereitung:
Mischen Sie eine große Menge Kleister an.

Anleitung:
Die Kinder suchen sich aus den leeren Dosen und Bechern eine beliebige Anzahl aus. Indem sie die einzelnen Teile mit dem Kreppklebeband miteinander verbinden, bauen sie ihren Turm. Ist dieser Rohling fertig, gibt es zwei Möglichkeiten, weiter zu verfahren:

Variante A (dauert länger):
Die Kinder umkleben ihren Turm mit einer Beschichtung aus Pappmachée. Dazu bestreichen sie Fetzen von dem Zeitungspapier mit Kleister und kleben diese um den Turm, bis von den Bechern und Dosen nichts mehr zu sehen ist. Simse und Erker können angebaut werden. Dann muss eine längere Trockenzeit, bestenfalls über Nacht, eingelegt werden. Anschließend bemalen die Kinder ihre Türme mit den Fingerfarben.

Variante B (geht schneller):
Die Kinder umkleben den Turm mit Seidenpapier, das mit Kleister bestrichen wurde.

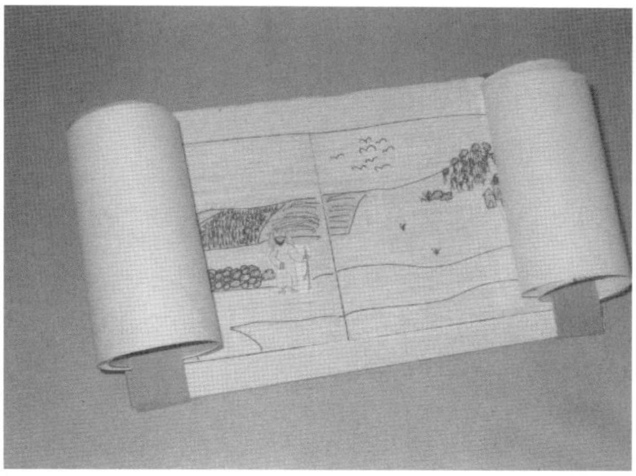

Abraham im neuen Land

Eingangsgedanken: 1. Mose 12,1-9

Abraham lebte mit seiner Frau Sara in der Stadt Haran. Er hatte ein gutes Leben, denn er war reich. Er musste sich keine Sorgen machen, wie er seine Familie ernähren konnte. Er hatte genug Schafe und Ziegen. Knechte halfen ihm bei seiner Arbeit. Der einzige Makel seiner Welt war, dass er keine Kinder hatte. Als Gott Abraham aufforderte, all das aufzugeben und in ein unbekanntes Land zu gehen, in das Gott ihn führen würde, zögerte er nicht und machte sich zusammen mit seiner Familie auf den Weg. Es wurde eine lange Reise, die sehr beschwerlich war. Vielleicht hat Abraham zwischendurch Gegenden durchquert, von denen er dachte: „Hier ist es schön, warum bleiben wir nicht hier?". Aber er verließ sich ganz auf Gottes Wort und zog weiter, bis Gott ihm sagte: „Dies ist das Land, das ich dir geben werde." Dort ließ Abraham sich mit seiner Familie nieder.

Alter: ab 4 Jahre

Materialliste:

Bastelbogen A bis C, weißes Papier DIN A4, feine Stifte in kräftigen Farben, Scheren, Klebestifte, Klopappierrollen, Rechtecke aus besonders haltbarer Pappe/Holzbrettchen in der Größe 12 x 22 cm, Klarsichtfolie, Tesafilm, Kordeln oder dünne Seile, Bürohefter

Vorbereitung:

Kopieren Sie die Bastelbogen auf weißes Papier.

Bastelteile:

Die Kinder malen zunächst die einzelnen Bastelbogen aus und schneiden dann die Vorlagen aus.

Anleitung:
Die einzelnen Landschaftsteile werden in der angegebenen Reihenfolge aneinander geklebt. Klebe nun an den beiden Enden die Klopappierrollen fest und rolle beide Enden zur Mitte hin auf. Durch die Rolle wird die Kordel gefädelt und oben und unten (so weit wie möglich am Rand) mit dem Bürohefter stramm an der Grundfläche getackert. Zwischen den beiden Rollen hast du nun dein Bild auf der Grundplatte. Über dieses Bild breitest du die Klarsichtfolie und klebst sie auf der Rückseite mit dem Klebestreifen fest. Die Abrahamfigur klebst du nun so auf die Folie, dass sie mittig auf dem Weg steht. Wenn du nun an einer der Rollen drehst, sieht es so aus, als ob Abraham über den Weg läuft.

BastelBogen A

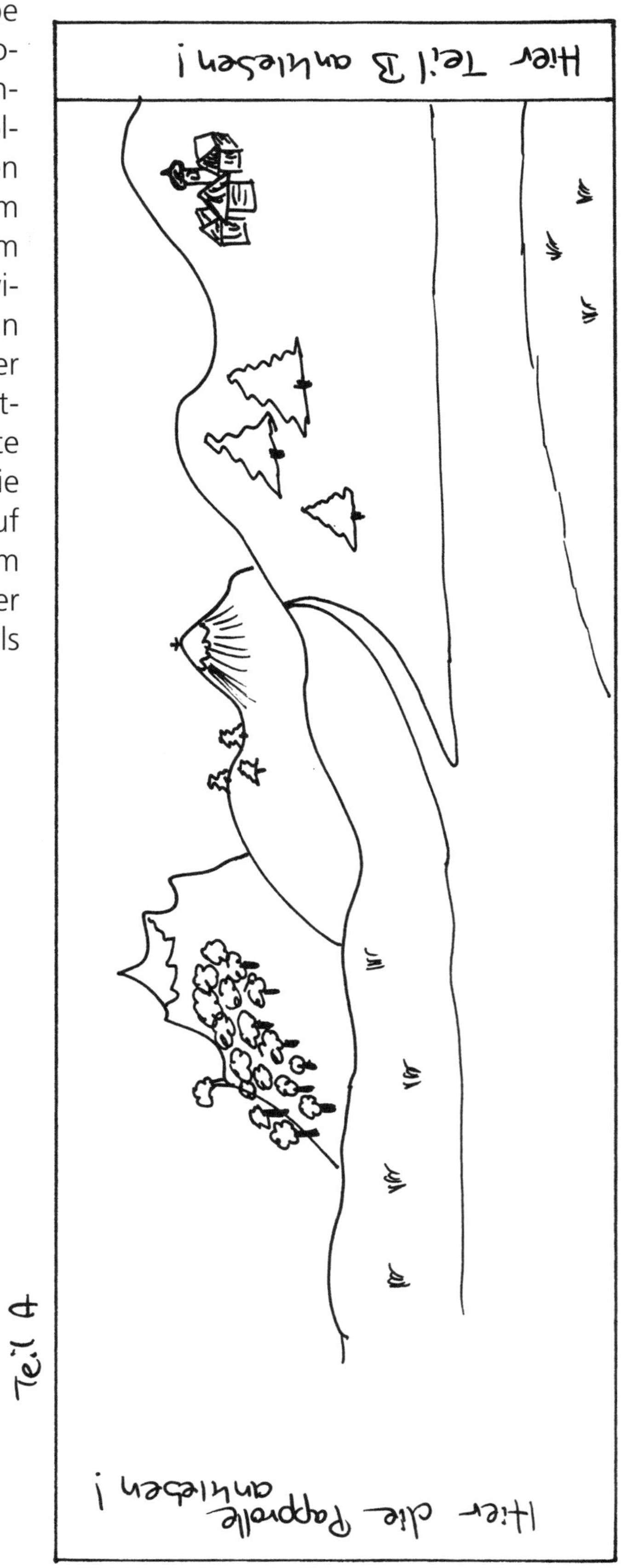

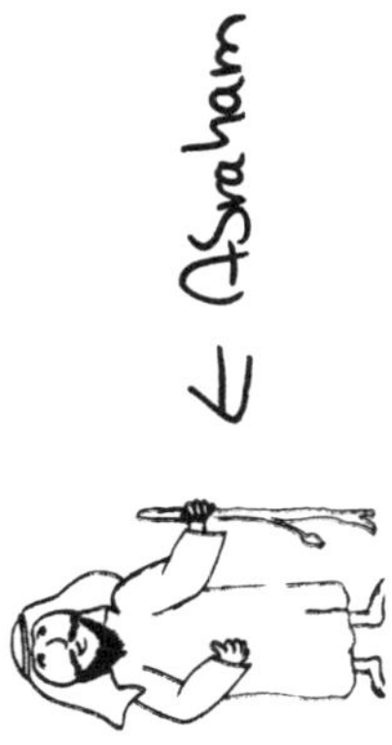

Bastelbogen B

Teil B

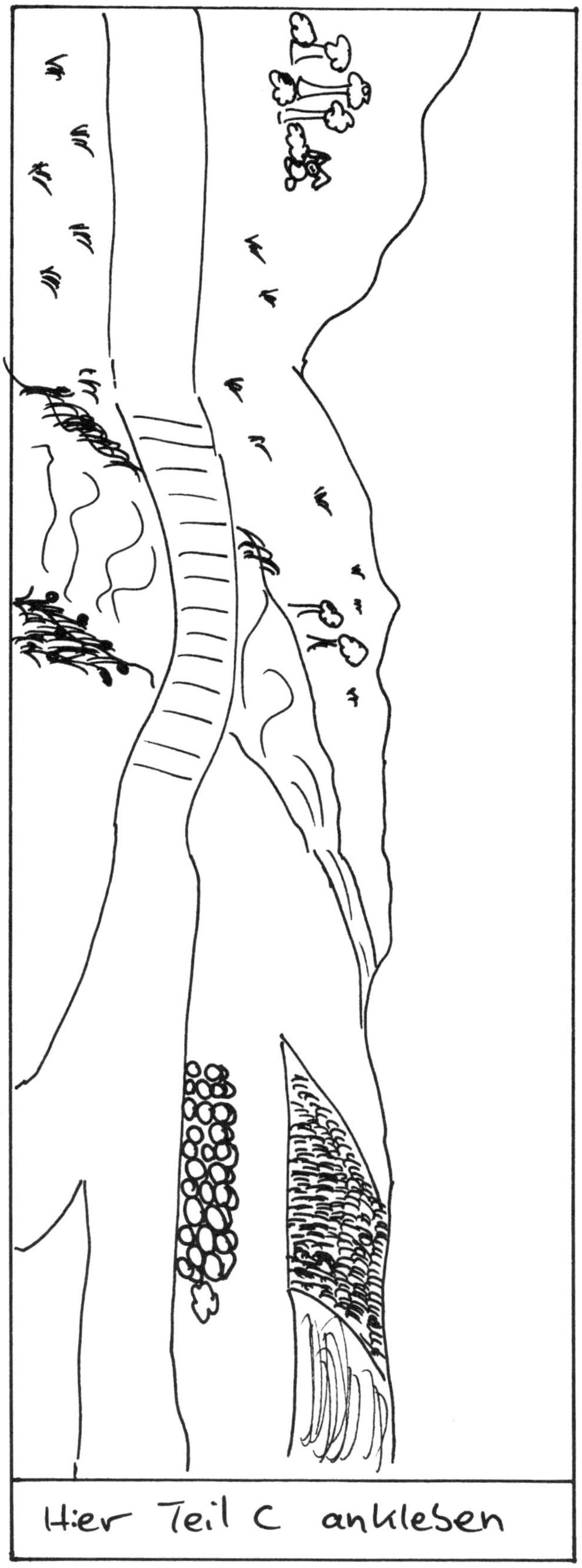

Hier Teil C ankleben

Bastelbogen C

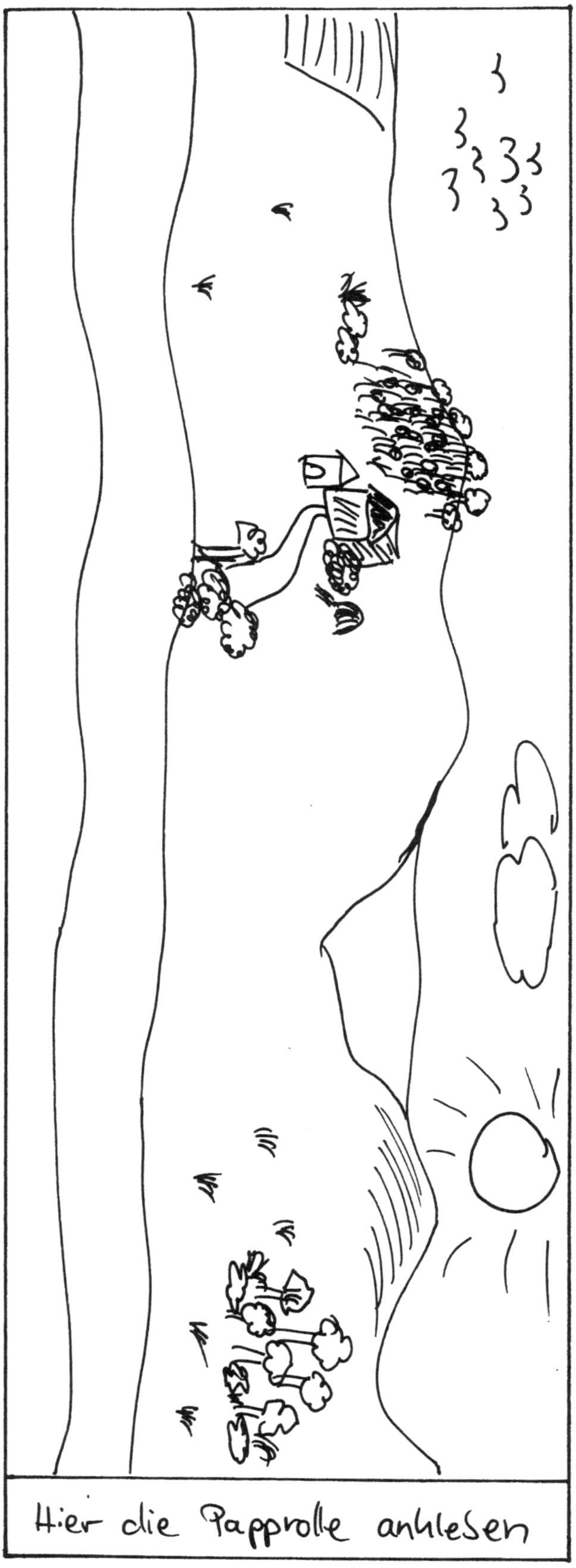

Teil C

Hier die Papprolle ankleben

Josef und seine Brüder

Eingangsgedanken: 1. Mose 37 - 50
Die Geschichte von Josef und seinen Brüdern ist für uns heute immer mit dem bunten Mantel verbunden, den Josef von seinem Vater bekommen hat. Eine Tatsache, die wir sicher auch dem Musical „Josef and the amazing technicolor dreamcoat" zu verdanken haben. Tatsache ist aber, dass Jakob seinen Josef den anderen Söhnen vorgezogen hat. Josef wurde anders behandelt und bekam von seinem Vater besondere Kleider geschenkt. Das machte die Brüder so eifersüchtig, dass sie Josef in die Sklaverei verkauften und ihrem Vater erklärten, dass Josef gestorben sei. Den bunten Mantel nahmen sie ihm vorher ab.
Aber auch ohne diesen Mantel machte Josef seinen Weg. Er war Sklave, wurde ins Gefängnis geworfen, wurde wieder befreit und schließlich zum Berater des Pharao ernannt. In diesen Jahren hat er sicher sehr unterschiedliche Kleider getragen, schöne und auch sehr hässliche. Kleider machen Leute, sagt man, aber das Wichtigste ist immer der Mensch, der in diesen Kleidern steckt.
Mit der folgenden Bastelarbeit können die Kinder Josef die unterschiedlichsten Kleider anziehen.

Alter: ab 4 Jahre

Materialliste: Bastelbogen A und B, weißes, dickes Papier/weiße Pappe DIN A4, feine Stifte in kräftigen Farben, Scheren

Vorbereitung:
Kopieren Sie die Bastelbogen auf weißes Papier/weiße Pappe.

Bastelteile und Anleitung: Die Kinder malen zunächst die einzelnen Bastelbogen aus und schneiden dann die Vorlagen aus. Dann können sie nach Lust und Laune die Kleider wechseln.

Bastelvorlage A

Bastelvorlage B

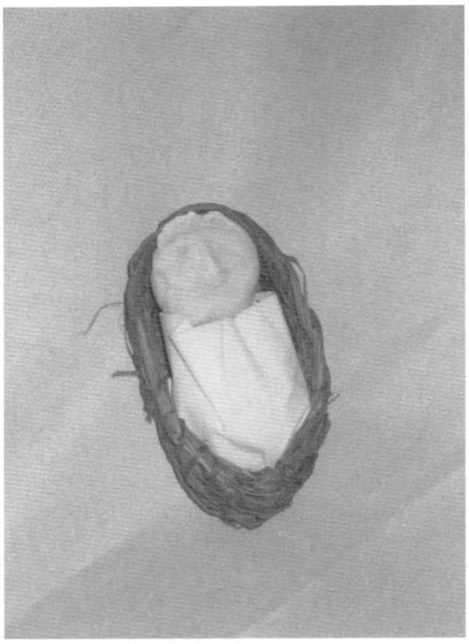

Mose im Binsenkörbchen

Eingangsgedanken: 2. Mose 2
Auf Befehl des ägyptischen Pharaos wurden alle Jungen, die bei den versklavten Israeliten geboren wurden, ermordet. Damit sollte das Volk Israel geschwächt werden. Eine Mutter konnte ihren Sohn aber nach der Geburt vor den Häschern des Pharaos beschützen und ihn über Monate bei sich aufziehen. Doch als er zu groß und damit auch zu laut wurde, konnte sie das Baby nicht mehr bei sich verstecken. Schweren Herzens entschied sie, ihr Kind auszusetzen. Sie flocht ein Körbchen aus Binsen und legte ihr Baby hinein. Dann ließ sie das Körbchen auf dem Nil treiben, wo es von der Tochter des Pharaos gefunden wurde.
Seetauglich muss unser Körbchen, das die Kinder basteln, zum Glück nicht sein, aber trotzdem werden die Kinder merken, dass ein Korb eine ziemlich schwierige Bastelei ist.

Alter: ab 4 Jahre

Materialliste:
Bast in verschiedenen Farben, Stopfgarn in verschiedenen Farben, Sticknadeln (sind nicht so spitz, reichen für diese Aufgabe aber völlig), Scheren, Mehl, Salz, Wasser, kleine Stücke Leinen (als Zudecke für das Mosesbaby)

Vorbereitung:
Bereiten Sie aus 3 Tassen Mehl, 2 Tassen Salz und 1 1/4 Liter lauwarmem Wasser (Teigmenge je nach Gruppengröße verdoppeln) einen elastischen Salzteig. Aus dem Bast müssen dünne Zöpfe geflochten werden. Diese können Sie vorbereiten oder zusammen mit den Kindern anfertigen.

Anleitung:

Um ein Körbchen zu basteln, schlägst du ein Ende des Bastzopfes ungefähr 5 cm um und nimmst ihn in eine Hand. In die andere Hand nimmst du die Sticknadel, in die das Stopfgarn eingefädelt hast. Jetzt heftest du dieses umgeschlagene Ende zusammen. Wie eine Lakritzschnecke legst du den Zopf immer wieder um deinen Korbanfang. Wenn du ungefähr drei Mal herum bist, musst du beginnen, den Rand hochzuziehen.

Wenn das Körbchen fertig ist, modellierst du aus dem Salzteig ein Baby. Das wird bei 100°C im Backofen trockengebacken.

Das Mosesbaby legst du in dein Binsenkörbchen und deckst es mit einem Stückchen Leinen zu.

Die Plagen des Pharaos

Eingangsgedanken: 2. Mose 7 – 11
Das Volk Israel lebt immer noch in Ägypten in Sklaverei. Mose wird von Gott zu ihrem Anführer bestimmt, der das Volk in die Freiheit führen soll. Mose bittet den Pharao um die Freilassung seines Volkes. Dass der Pharao die Israeliten als Sklaven hält, ist für damalige Zeiten nicht außergewöhnlich. Auch wenn wir uns das heute nicht mehr vorstellen können, damals war die Praxis, Leibeigene, Knechte und Sklaven wie Vieh zu halten, ganz normal. Es war aber keineswegs normal, sein Wort zu brechen. Ein Vergehen, dessen sich der Pharao Mose gegenüber wiederholt schuldig macht. Nach jeder Plage verspricht er „Beendet diese Plage, dann lasse ich euch gehen!" Erst als in allen Familien der Ägypter der älteste Sohn stirbt, hält der Pharao endlich Wort und lässt Moses und sein Volk ziehen.

Alter: ab 4 Jahre

Materialliste:
Bastelbogen A bis F, weißes, dickes Papier/weiße Pappe DIN A4, Kopierfolien, Stifte in kräftigen Farben/Filzstifte, Scheren, Klebestifte, Tesafilm

Vorbereitung:
Kopieren Sie den Bastelbogen A und B auf weißes, dickes Papier/weiße Pappe. Kopieren Sie die Bastelbogen C – F auf Kopierfolien. Die Ränder können die Kinder selber ausschneiden, den Schlitz in der Mitte, durch den die Figur des Pharaos herausschaut, sollten Sie mit einem scharfen Cuttermesser vorher einschneiden.

Bastelteile und Anleitung:

Bastelbogen A:
Male die Grundfläche B und den Pharao mit kräftigen Farben an. Anschließend schneidest du beides aus. Mit etwas Kleber befestigst du den Pharao an der markierten Stelle auf der Grundfläche.

Bastelbogen C-F:

Die vier Folien schneidest du einfach rundherum aus.

Dann legst du deine Grundfläche mit dem Bild nach unten vor dir auf den Tisch. Verteile nun die vier Folien an den vier Kanten der Grundfläche. Dabei müssen die Folien mit dem Bild nach oben liegen. Dann klebst du die Folien mit Tesafilm an den Kanten der Grundfläche fest.

Wenn du die ganze Bastelei umdrehst, richtest du den Pharao auf. Jetzt kannst du eine der Plagen auf den Folien aussuchen und über den Pharao klappen. Der steht dann zwischen vielen Fröschen oder zwischen toten Fischen, ganz wie du möchtest. Du kannst auch alle Plagen gleichzeitig überklappen.

Bastelbogen B

Bastelbogen c

Bastelbogen D

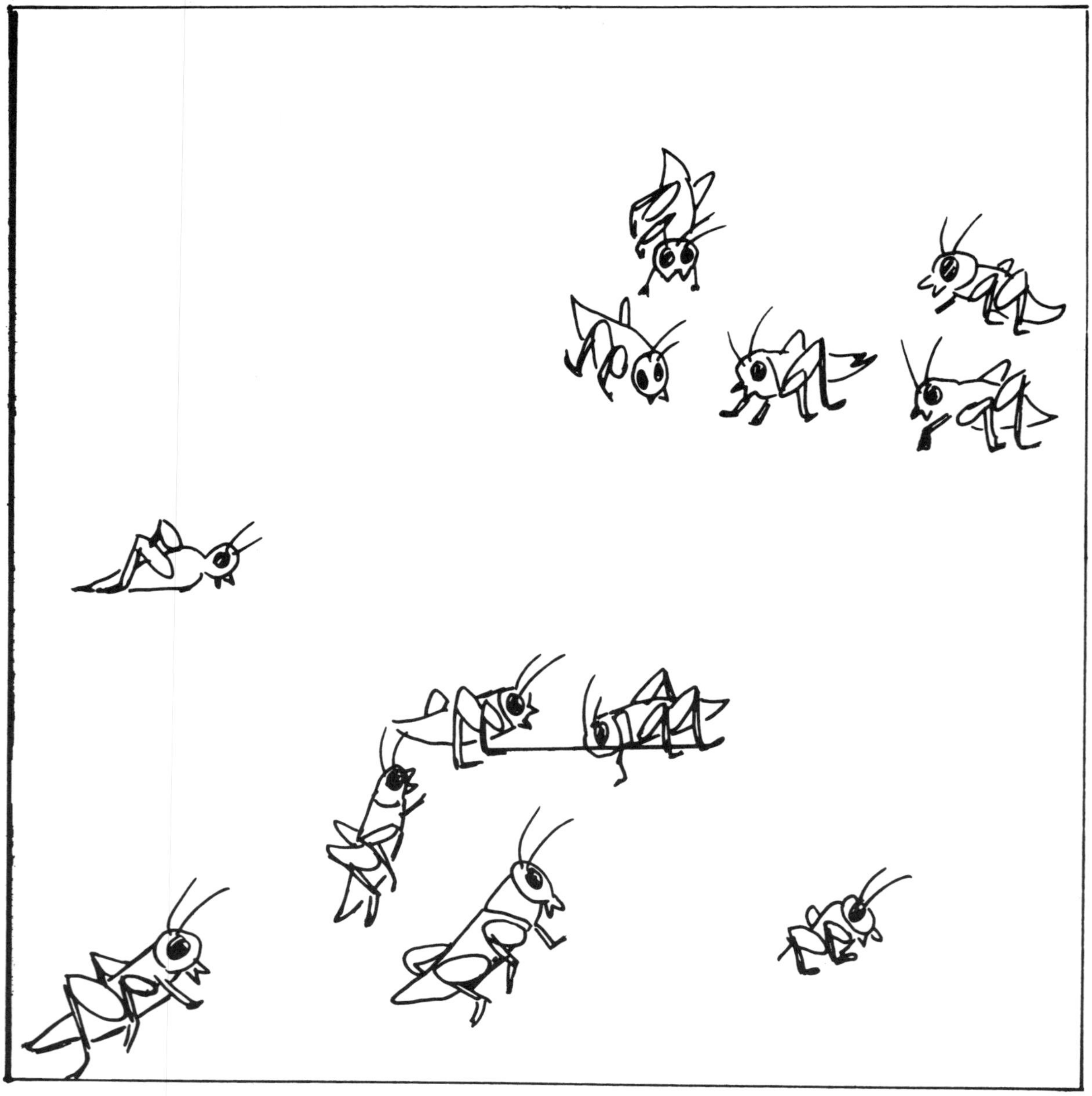

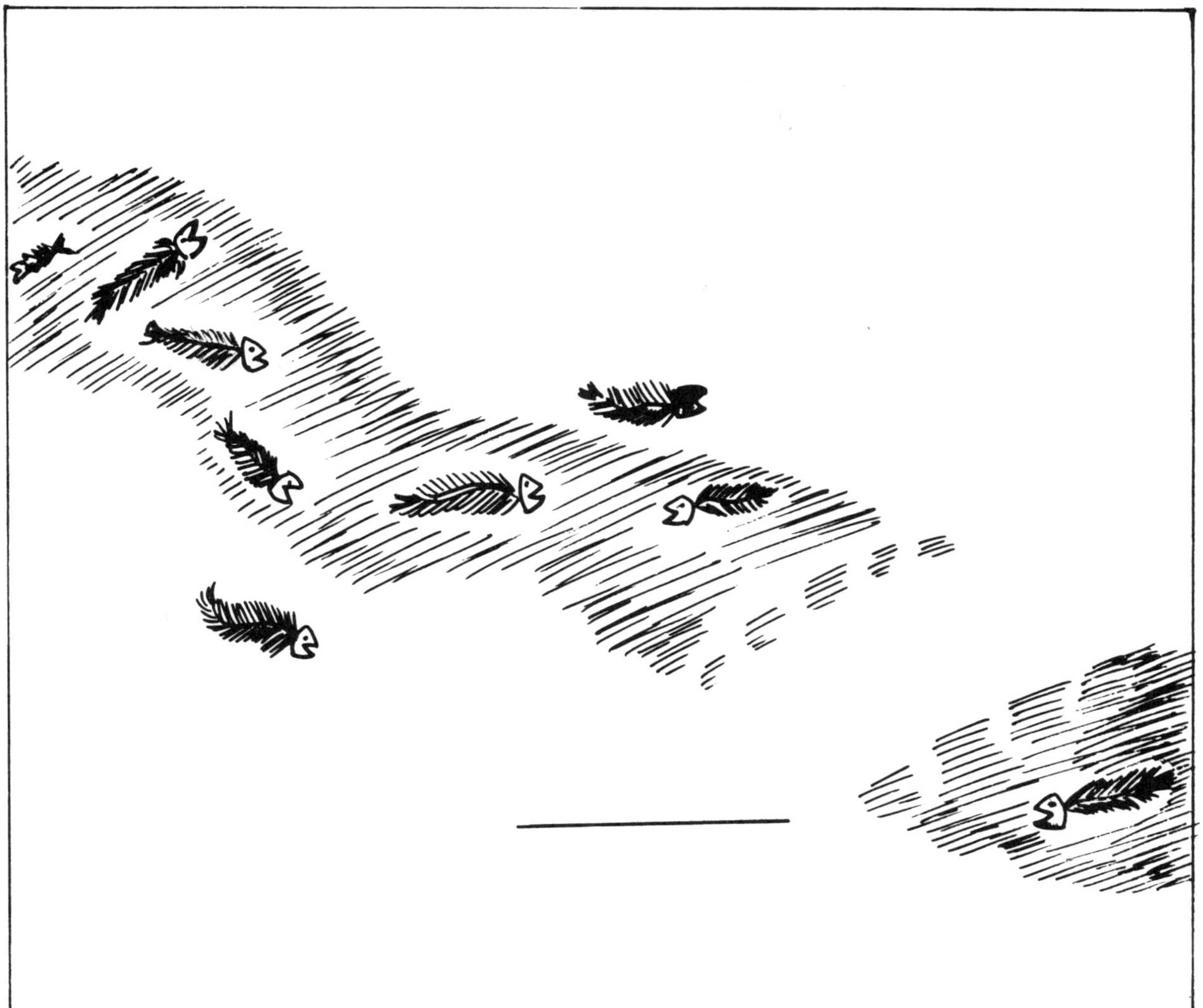

Bastelbogen F

Die Flucht aus Ägypten

Eingangsgedanken: 2. Mose 13,17 – 15,21
Mose hat endlich von dem Pharao die Zusage bekommen, dass er mit seinem Volk Ägypten verlassen kann. Moses macht sich auf den Weg, doch der Pharao wird erneut wortbrüchig. Er schickt seine Soldaten dem Volk Israel hinterher. Die Plagen haben ihn anscheinend immer noch nicht von der Macht Gottes überzeugt. Da teilt Gott das Meer für Mose und sein Volk. Alle Israeliten kommen trockenen Fußes an das andere Ufer, die Soldaten des Pharaos aber gehen mit Ross und Reiter unter.

Alter: ab 4 Jahre

Materialliste:
Bastelbogen A bis C, weißes, dickes Papier/weiße Pappe DIN A4, feine Stifte in kräftigen Farben, Scheren, Klebestifte

Vorbereitung:
Kopieren sie die Bastelbogen auf weißes Papier/weiße Pappe.

Bastelteile und Anleitung:
Male die einzelnen Bastelbogen an und schneide sie aus. Befestige nun die Rückwand an der Grundfläche, indem du die Klebeecken mit Kleber bestreichst und sie unter die Grundfläche klebst. Falte die beiden Teile des Meeres an den gestrichelten Linien und klebe sie auf die Klebefläche.

Bastelbogen A

Die Rückwand

Bastelbogen B

Die Grundfläche

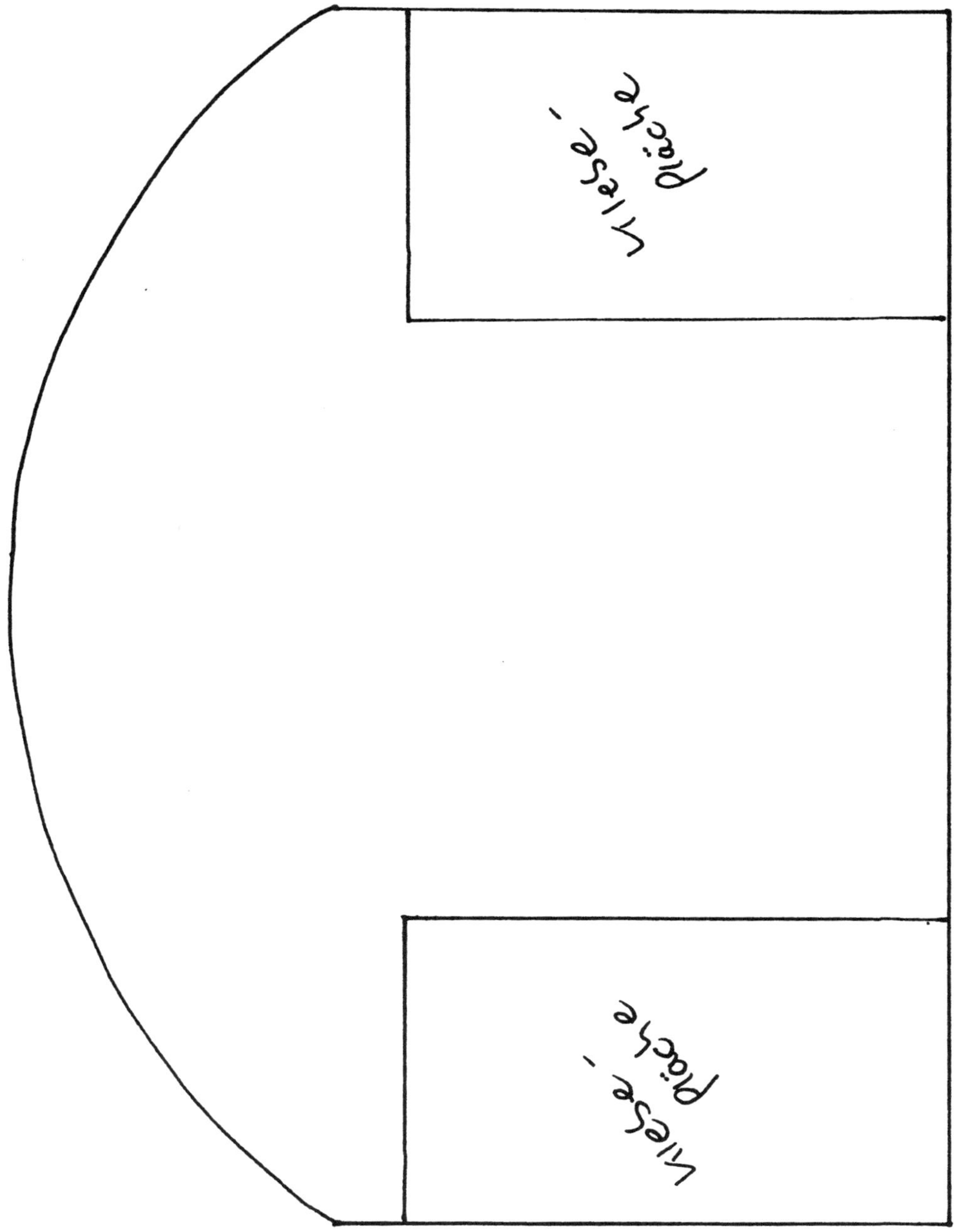

Bastelbogen C

Das Meer

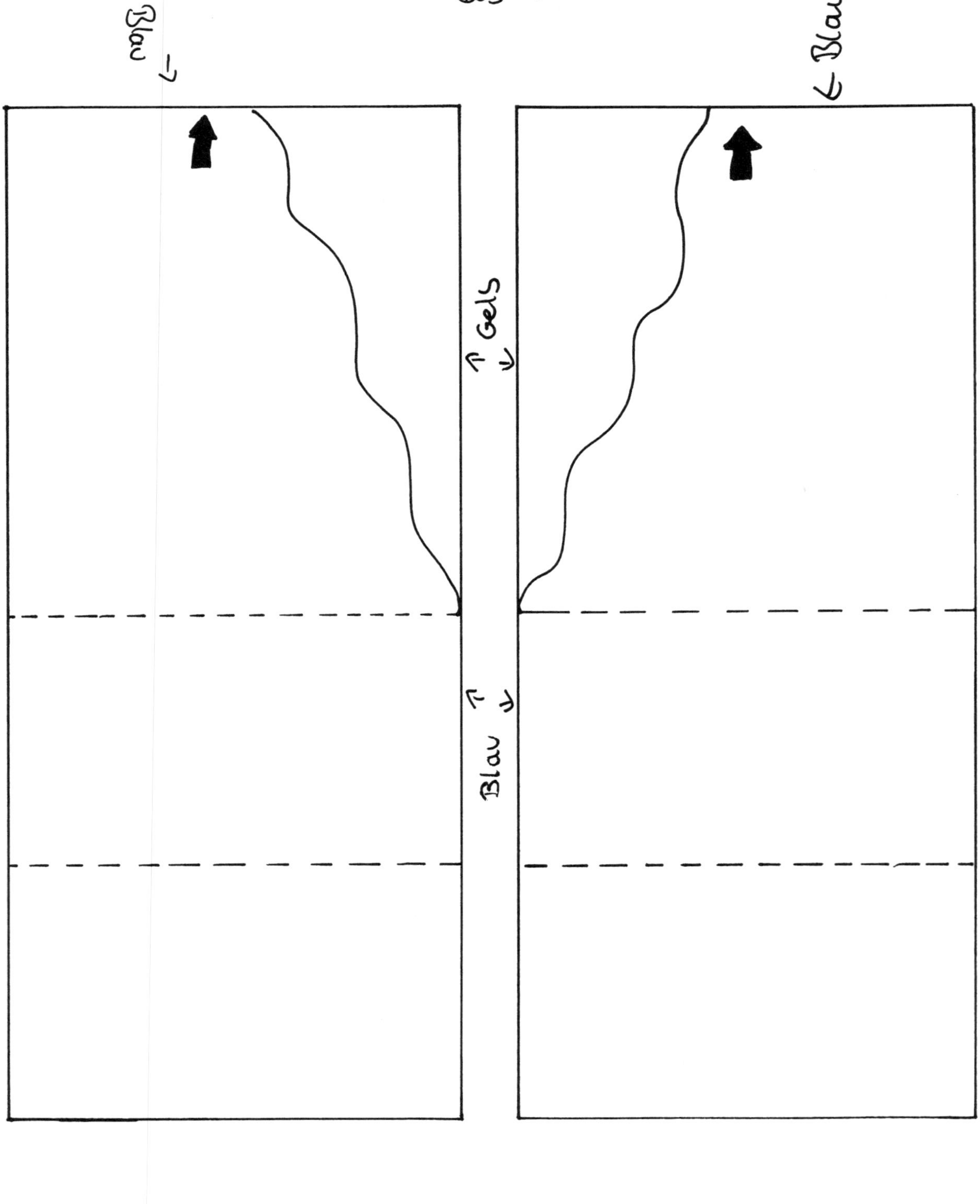

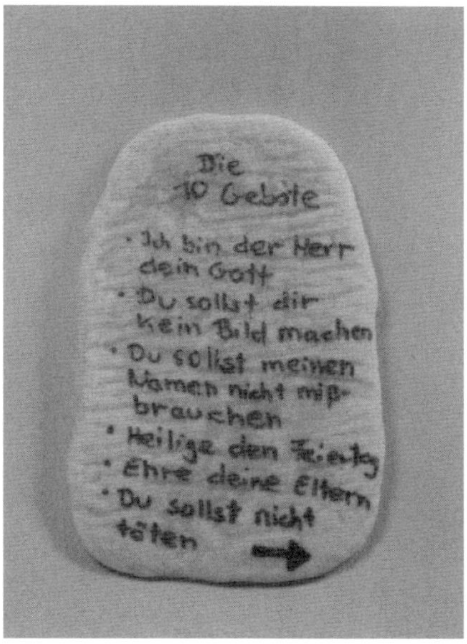

Die Zehn Gebote

Eingangsgedanken: 2. Mose 19-24
Mose hat das Volk Israel aus der Gefangenschaft geführt. Jetzt gibt Gott ihm auf dem Berg Sinai die Zehn Gebote, an die sich alle Menschen halten sollen, um mit Gott und miteinander in Frieden leben zu können. Die Kinder haben vielleicht schon einmal ein Bild gesehen, vielleicht in einer Kinderbibel, auf dem Moses mit zwei riesigen Steintafeln zu sehen ist. So große Tafeln lassen sich schlecht nachbasteln, aber kleine Tafeln aus Salzteig bekommen auch die jüngeren Kinder schon hin.

Alter: ab 4 Jahre

Materialliste: Salz, Wasser, Mehl, Schaschlikspieße, Nudelhölzer, ersatzweise Papprollen, dünne Filzstifte, Bastelbogen A

Vorbereitung: Bereiten Sie aus 3 Tassen Mehl, 2 Tassen Salz und 1 $^{1}/_{2}$ Liter lauwarmem Wasser (Teigmenge je nach Gruppengröße verdoppeln) einen elastischen Salzteig.

Bastelteile und Anleitung:
Alle Kinder bekommen einen Klumpen Salzteig, den sie flach ausrollen. Aus der Salzteigfläche schneiden die Kinder zwei Tafeln aus. Wenn dies freihändig zu schwierig ist, können sie die Bastelvorlage als Hilfe benutzen. Mit dem Schaschlikspieß verzieren sie nun die Tafeln. Wenn die Kinder schon schreiben können, können sie auch die Zehn Gebote einritzen. Kleinere Kinder verzieren die Tafeln nach eigener Vorstellung. Bei 100° C werden die Tafeln im Ofen trockengebacken. Wer möchte, kann nun die eingeritzten Zeichen mit einem Filzstift nachziehen, damit sie besser heraustreten.

Bastelbogen A

David und Jonathan

Eingangsgedanken: 1. Samuel 18 -20
Die Freundschaft zwischen David und Jonathan ist eine ganz besondere. Die Kinder lernen zwei Personen der Bibel kennen, die eine ganz besondere Geschichte miteinander haben. Ein Malbuch auszumalen benötigt ziemlich viel Zeit, aber da auch die Geschichte in ihrer Gänze vorgelesen eine Zeit dauert, bietet es sich vielleicht an, dies beides parallel zu gestalten.

Alter: ab 4 Jahre

Materialliste:
Vorlagen Malbuch, weißes Papier, feine Stifte in kräftigen Farben

Vorbereitung:
Kopieren Sie die Malbuchvorlagen auf weißes Papier und heften sie zu einem Buch zusammen.

Bastelteile und Anleitung:
Die Kinder malen die einzelnen Bilder des Malbuches an. Dies kann auch parallel zum Vorlesen der Geschichte passieren.

David und Jonathan
Die
Geschichte
einer
Freundschaft

2

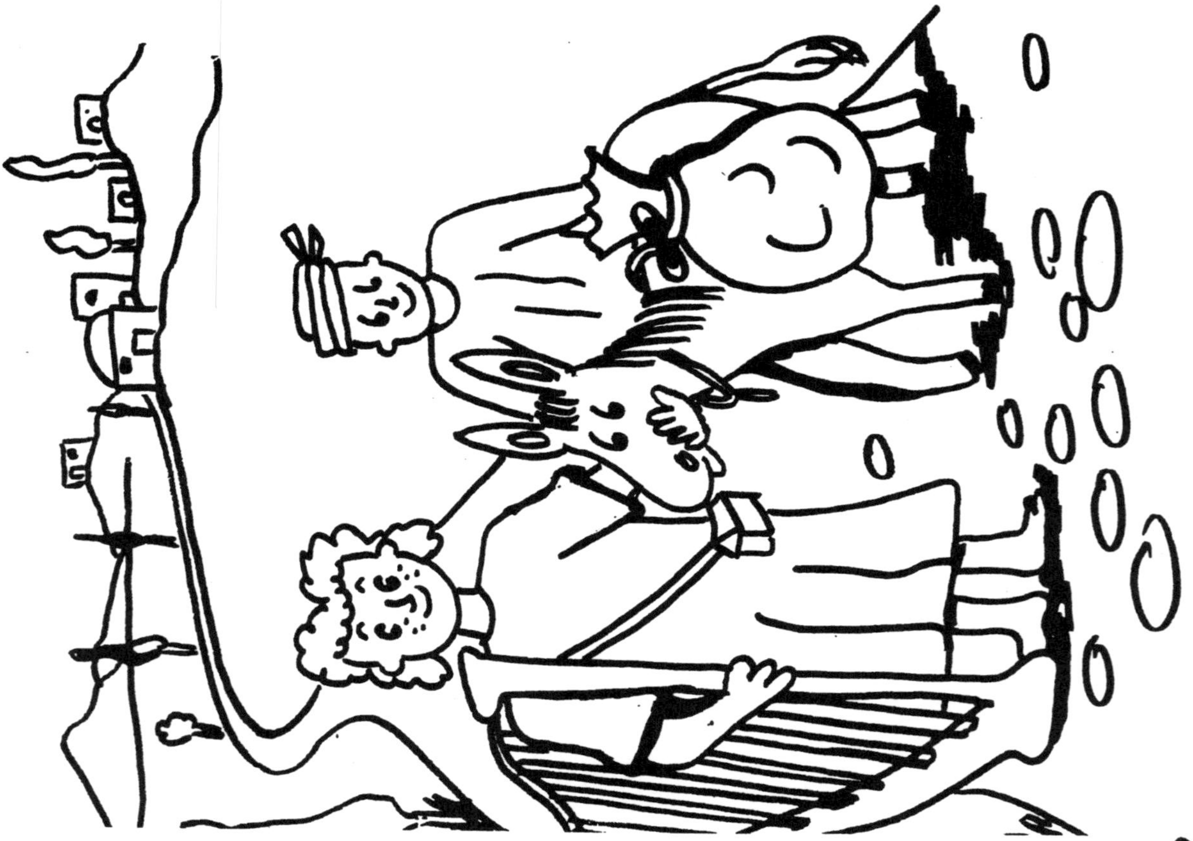

3

3

10

5

4

8

7

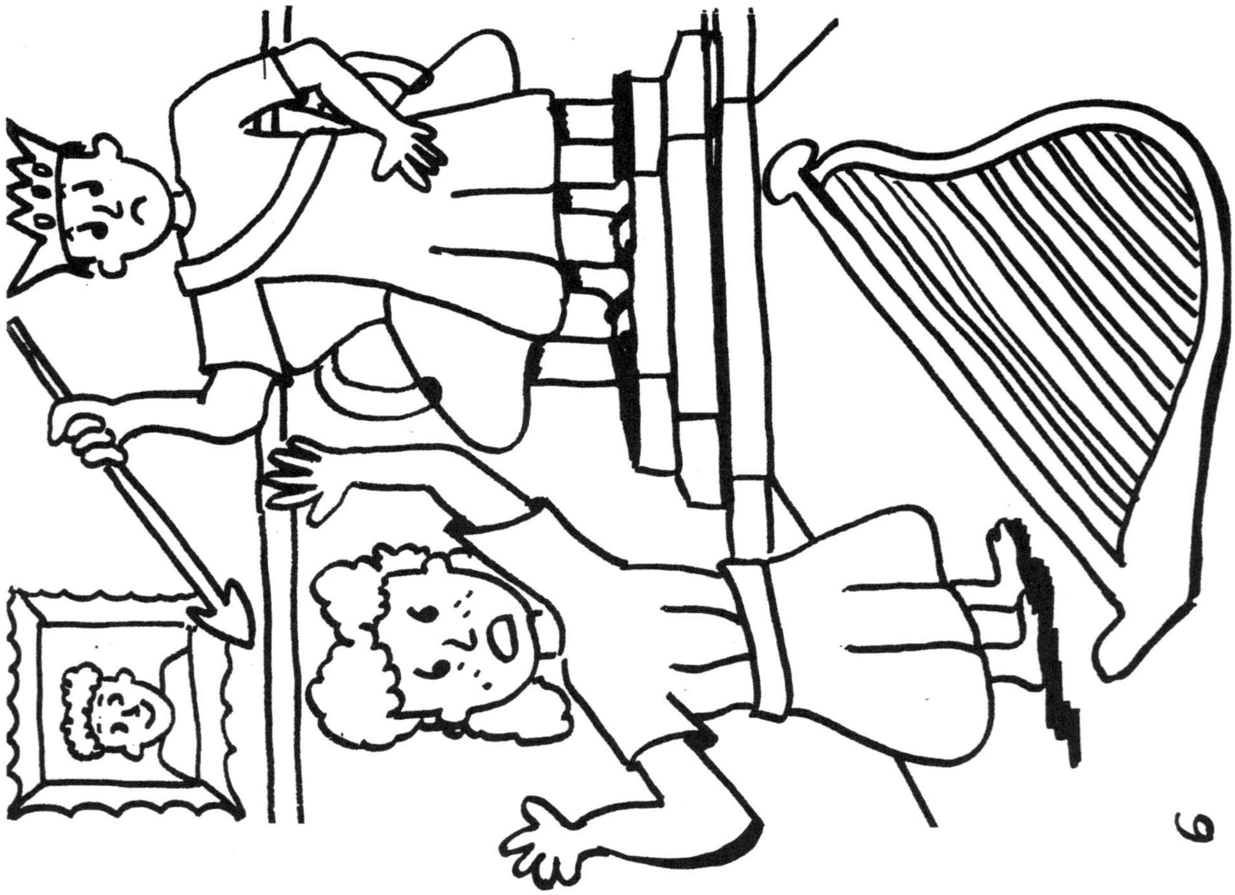

6

Jona im Wal

Eingangsgedanken: Jona 1 –2
Jona bekommt von Gott den Auftrag, in die Stadt Ninive zu gehen. Doch anstatt sich auf den Weg zu machen, versucht Jona, vor Gott zu fliehen. Doch selbst, als er sich im Bauch eines Schiffes versteckt, ist er nicht vor Gottes Augen verborgen. Von den Seeleuten über Bord geworfen, wird er von einem Wal verschluckt und wieder an das Ufer gebracht.
Die Geschichte von Jona ist für die Kinder besonders beeindruckend, weil es für sie unvorstellbar ist, dass ein Mensch von einem Wal verschluckt wird und dies auch noch überlebt. Jona muss im Bauch des Wals nicht um sein Leben kämpfen oder steht Todesangst aus. Jona erkennt, dass Gott ihn mit diesem Wal nicht einschüchtern will, sondern dass er ihn damit gerettet hat und betet zu ihm voller Dank.

Alter: ab 4 Jahre

Materialliste:
Bastelbogen A und B, weißes, dickes Papier/weiße Pappe DIN A4, feine Stifte in kräftigen Farben, Scheren, Klebestifte

Vorbereitung:
Kopieren Sie die Bastelbogen auf weißes Papier/weiße Pappe.

Bastelteile und Anleitung:
Male das große Bild auf der Vorlage A und den Jona auf der Vorlage B an. Wenn du damit fertig bist, lässt du dir von einem Erwachsenen mit einem Cuttermesser den Ausschnitt im Wal schneiden, durch den du später Jona ansehen kannst. Dann bestreichst du die Vorlage und drückst die Vorlage auf einem weißen Blatt fest. Klappe den Ausschnitt hoch und klebe Jona hinein.

Bastelvorlage A

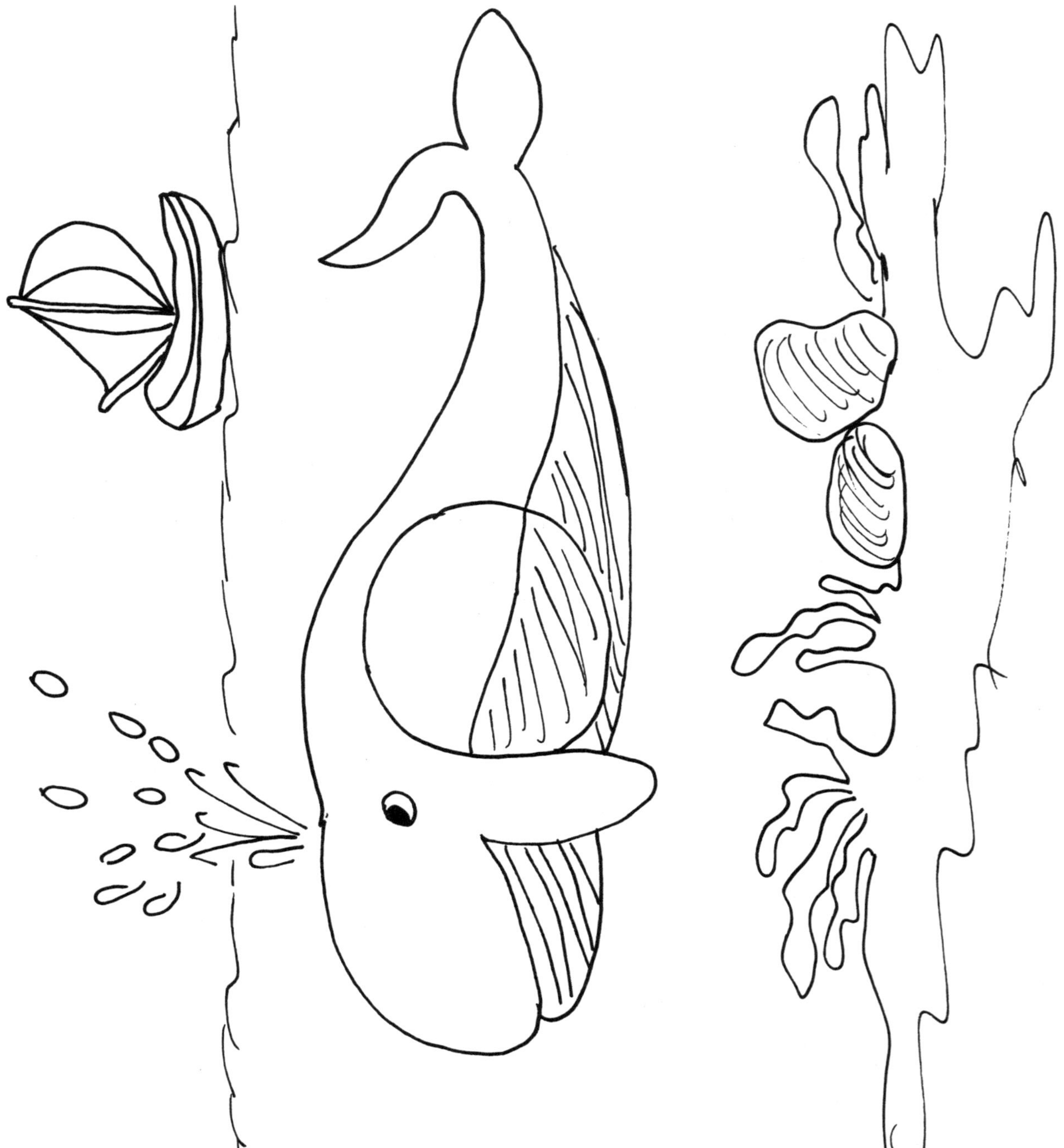

Bastelvorlage B

Elia

Eingangsgedanken: 1. Könige 17
Der Prophet Elia muss fliehen und hält sich an einem entfernten Ort, an dem Bach Krit, versteckt. Abgeschnitten von seinen Vorräten droht Elia der Hungertod. Doch Gott sorgt für sein leibliches Wohl. Mit Wasser aus dem Bach ist der Durst zu löschen. Die Versorgung mit Lebensmitteln wird durch einen Raben ermöglicht, der Elia mit Brot und Fleisch versorgt. Gott sorgt für seinen Propheten.

Alter: ab 3 Jahre

Materialliste:
Luftballons, gelber Bastelkarton, große Kulleraugen, Klebestifte, Kleister, schwarzes Seidenpapier/Transparentpapier oder schwarze Fingerfarbe

Vorbereitung:
Mischen Sie eine große Menge Kleister an. Schneiden Sie aus den gelben Pappen lange, ca. 2 cm breite Streifen. Daraus werden die Beine gefaltet. Schneiden Sie außerdem Schnäbel und Füße aus der Pappe. Zur Hilfe steht dafür eine Bastelvorlage zur Verfügung.

Bastelteile und Anleitung:
Die Kinder blasen den Luftballon auf und knoten ihn zu (evtl. helfen).

Variante A (dauert länger):
Die Kinder umkleben ihren Ballon mit einer Beschichtung aus Pappmachée. Dazu bestreichen sie Fetzen von dem Zeitungspapier mit Kleister und kleben diese um den Ballon, bis davon nichts mehr zu sehen ist. Dann muss eine längere Trockenzeit eingelegt werden. Bestenfalls über Nacht. Anschließend bemalen die Kinder ihre Ballons mit der schwarzen Fingerfarbe.

Variante B (geht schneller):
Die Kinder umkleben den Ballon mit schwarzen Seidenpapier, das mit Kleister bestrichen wurde.

Während die Rabenballons trocknen, falten die Kinder aus den gelben Streifen die Rabenbeine. Hierzu legen sie zwei Streifen an den Enden im rechten Winkel übereinander und fixieren die Kontaktstelle mit Kleber. Dann werden die beiden Enden immer über Kreuz umgeknickt (Hexentreppe).

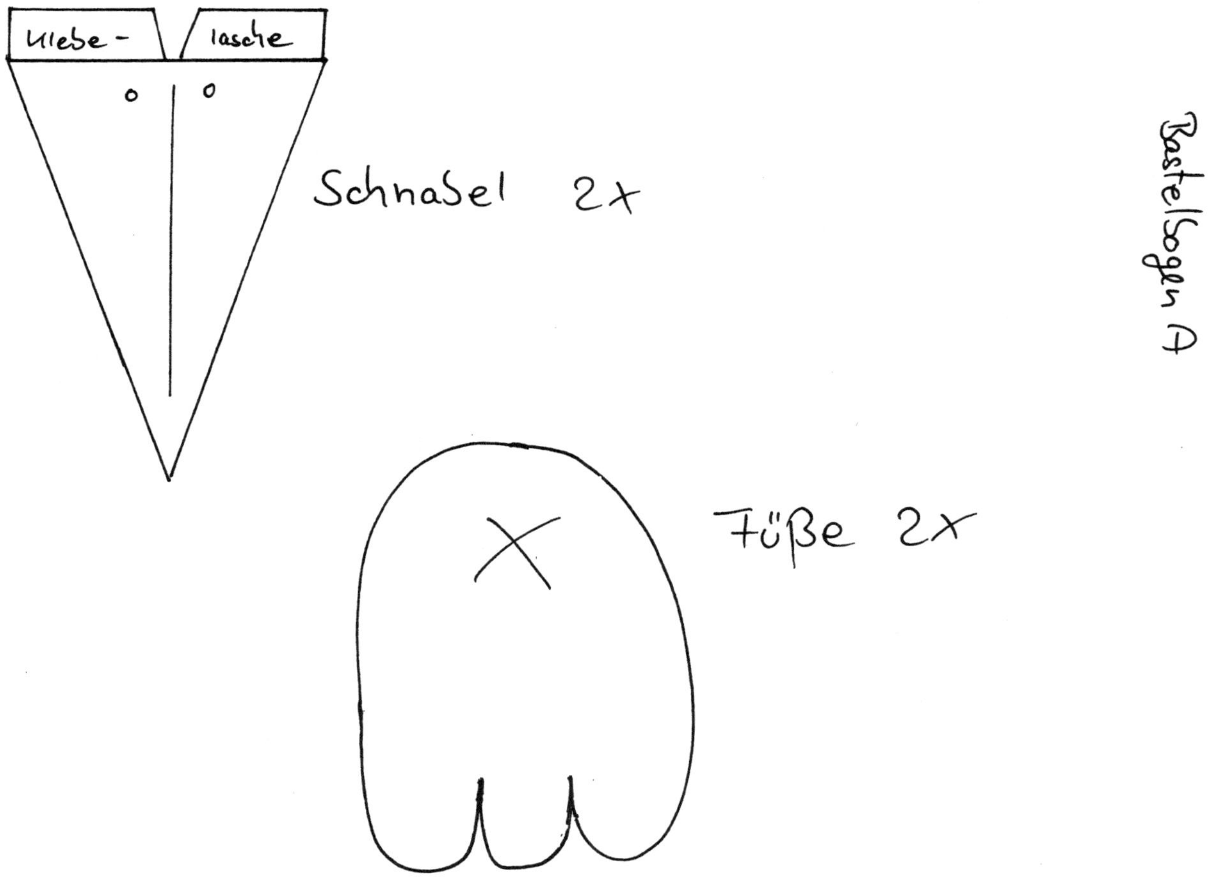

Daniel in der Löwengrube

Eingangsgedanken: Daniel 6

Neid und Missgunst treiben seit Anbeginn der Zeiten die seltsamsten Blüten. Auch in der Geschichte von Daniel sind es die eifersüchtigen Minister, die die Verbundenheit zwischen Daniel und dem König Darius nicht hinnehmen können. Durch eine List versuchen sie, Daniel beiseite zu schaffen. Sein Glaube und seine Gebete sollen ihm zum Verhängnis werden. Doch sein Glaube und seine Gebete sind es, die ihm das Leben retten. Er wird in Löwengrube geworfen um dort zu sterben, aber Gott hält seine schützende Hand über Daniel und der überlebt.

Alter: ab 4 Jahre

Materialliste:

Pappteller, Fingerfarben, Pinsel, gelbe Wollreste, Scheren, Bürotacker, Gummischnüre, Locher

Bastelanleitung:

Die Kinder bemalen einen Pappteller mit gelber Fingerfarbe. Mit einem Pinsel werden Augen, Nase, Mund ... aufgemalt. Aus den Wollresten werden kleine Büschel zusammengefasst, die rund um den Tellerrand als Mähne angetackert werden. Jeweils ein Loch rechts und links am Rand, durch das ein Gummiband gefädelt wird und die Maske kann umgebunden werden.

Neues Testament

Der Stall in Bethlehem

Eingangsgedanken: Lukas 2,1-20
Die Weihnachtsgeschichte, die Geburt Jesu, ist ein fester Bestandteil im Jahreskreis eines jeden Kindergottesdienstes. Die verschiedenen Geschichten aus dem Alten und Neuen Testament variieren in den Jahren, aber die Weihnachtserzählung nach Lukas ist ein Muss. Die Szene aus dem Stall von Bethlehem ist allen Kindern bekannt. Vielleicht haben die Eltern auch eine kleine Krippe zu Hause aufgebaut, die die Kinder betrachten können. Nun können sie eine eigene Krippe basteln, die sie in ihrem Zimmer aufstellen können. Sie können die einzelnen Figuren fest einkleben oder als Spielfiguren benutzen und die Ereignisse der Heiligen Nacht nach eigenen Vorstellungen nachspielen.

Alter: ab 6 Jahre

Materialliste:
Bastelbogen A bis D, weißes, dickes Papier/weiße Pappe DIN A4, feine Stifte in kräftigen Farben, Scheren, Klebestifte

Vorbereitung:
Kopieren Sie die Bastelbogen auf weißes Papier/weiße Pappe.

Bastelteile und Anleitung:

Bastelbogen A:
Dies ist die Grundfläche für deine Krippe. Male sie grün oder braun an.

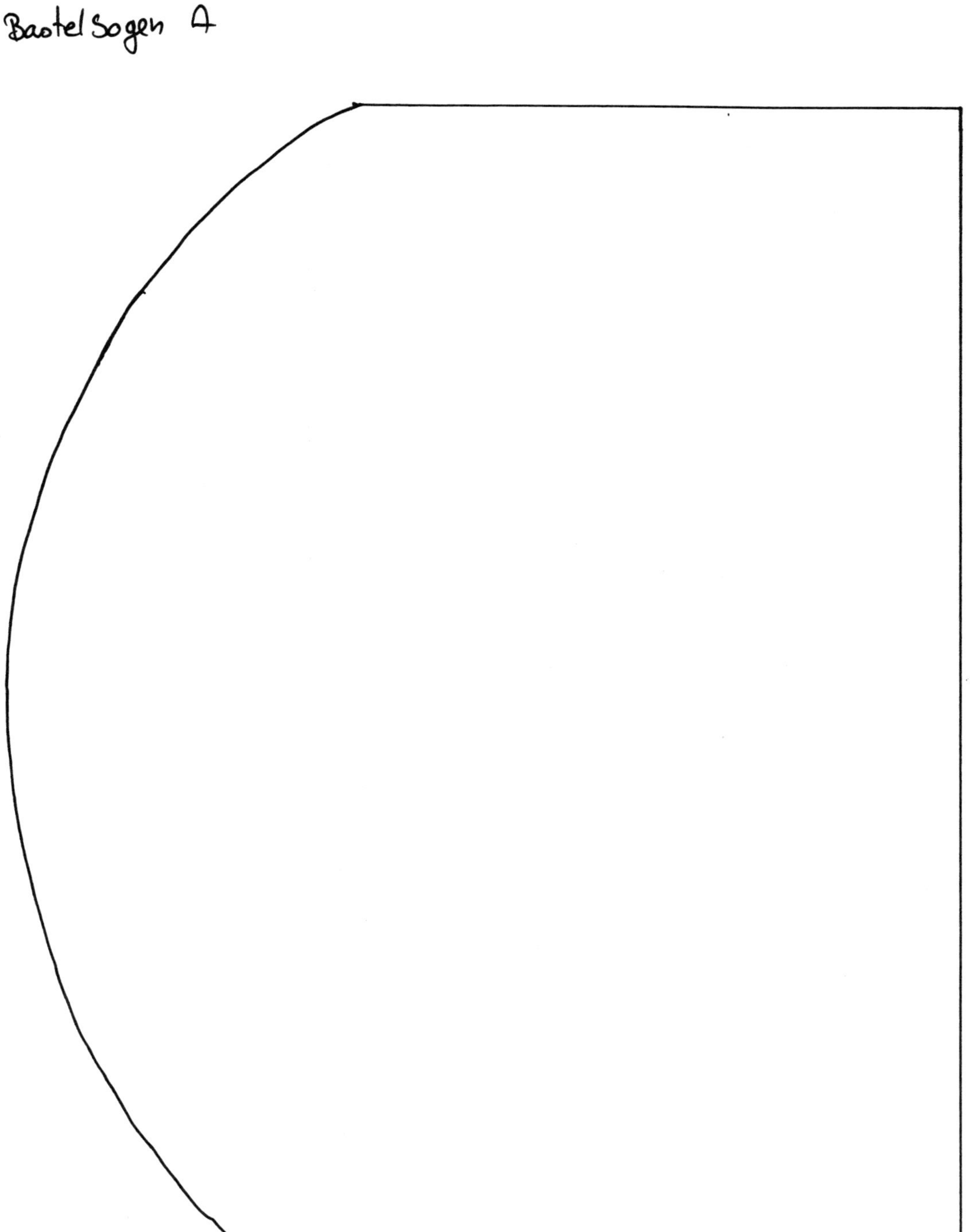

Bastelbogen B:
Dies ist die Rückwand des Stalls in Bethlehem. Male die Bretter braun an. Was kann man denn durch das Fenster sehen?

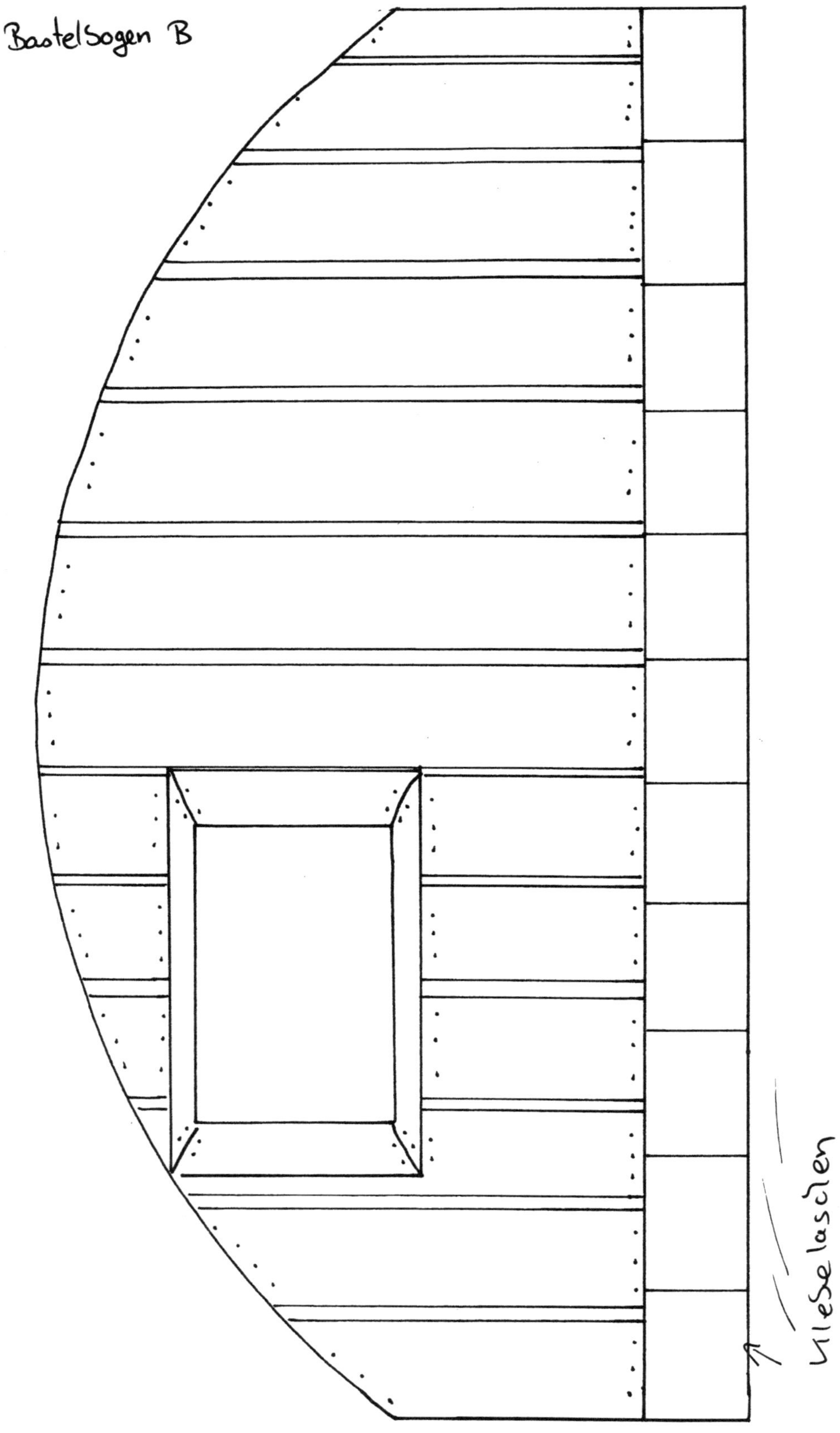

Bastelbogen C:
Male die einzelnen Personen an und schneide sie aus. Du kannst sie an den Laschen unter den Füßen in deinem Stall festkleben oder sie darauf hinstellen und damit spielen.

Bastelbogen D:
Dies ist das Vordach des Stalls. Male es braun an und schneide es aus. Die Laschen klebst du dann hinter die Rückwand.

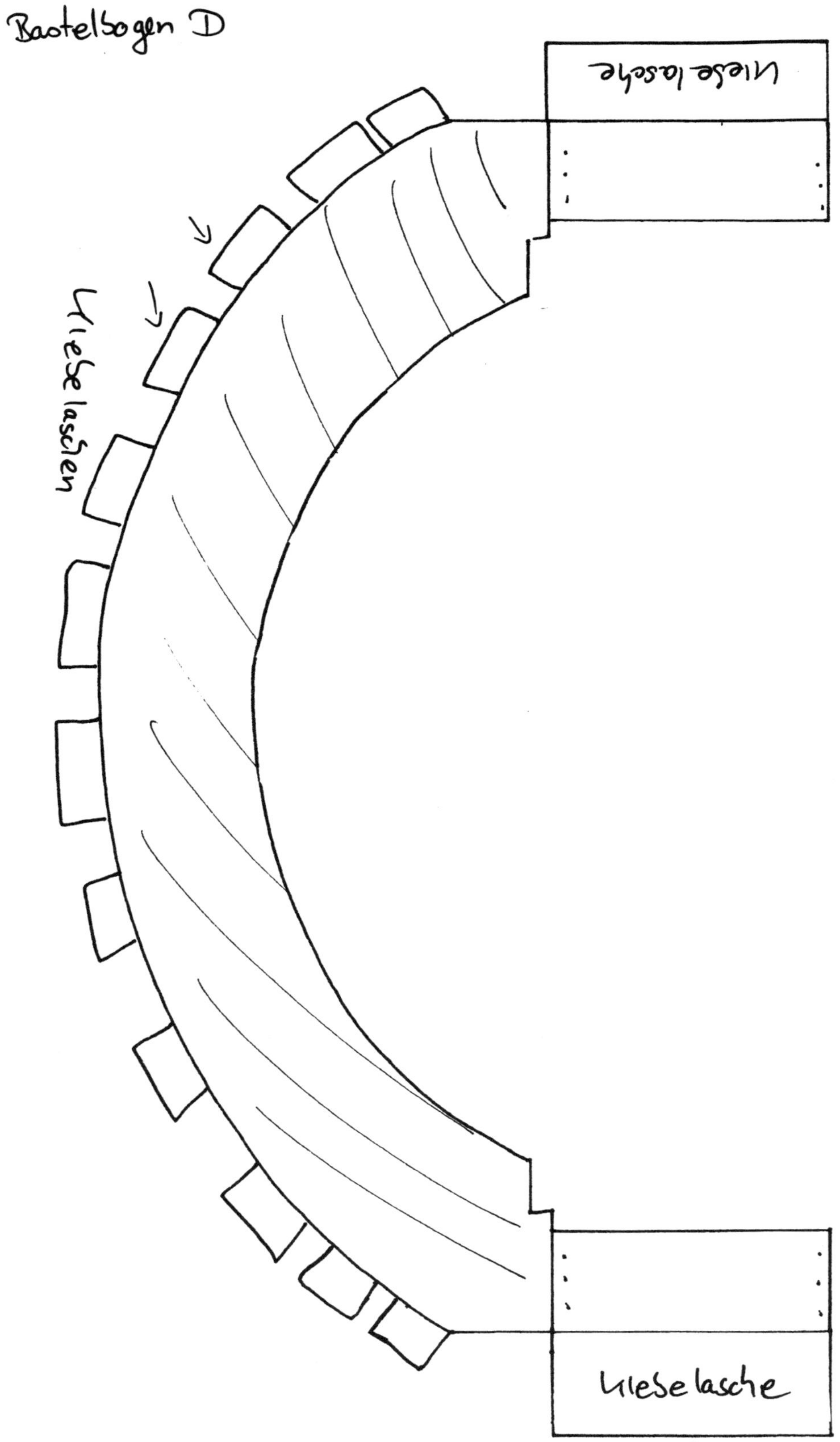

Das Wasser der Taufe

Eingangsgedanken: Lukas 3,1-22
Die Taufe ist das sichtbare Zeichen der unbedingten Zuwendung Gottes zum Menschen. Mit der Taufe vertrauen Eltern ihre Kinder Gottes Liebe und Fürsorge an. Die Taufe ist auch verbunden mit der Aufnahme des Täuflings in die christliche Gemeinschaft und der Zusage der Gemeinschaft, das Kind zu begleiten. Die Kinder des Kindergottesdienstes haben in der Regel schon einmal eine Taufe erlebt. Auch wenn sie sich an die eigene nicht mehr erinnern können, so haben sie vielleicht bei Geschwistern oder Freunden das Ereignis miterlebt. Dass aber auch Jesus, so wie sie, von einem anderen Menschen getauft wurde, wissen die meisten nicht. Auch die Figur des Johannes, der ein Wegbereiter Jesu war, ist den Kindern weitestgehend unbekannt.

Alter: ab 4 Jahre

Materialliste:
Bastelbogen A, weißes, dickes Papier/weiße Pappe DIN A4, feine Stifte in kräftigen Farben, Scheren

Vorbereitung:
Kopieren sie den Bastelbogen auf weißes Papier/weiße Pappe.

Bastelteile und Anleitung:
Male die drei Tropfen mit bunten Farben an und schneide sie anschließend aus. Mit einem Locher oder einer Lochzange müssen die vorgezeichneten Löcher ausgestanzt werden. Dabei kann dir sicher ein Erwachsener helfen. Dann werden die einzelnen Tropfen mit Fäden verbunden.

Bastelbogen A

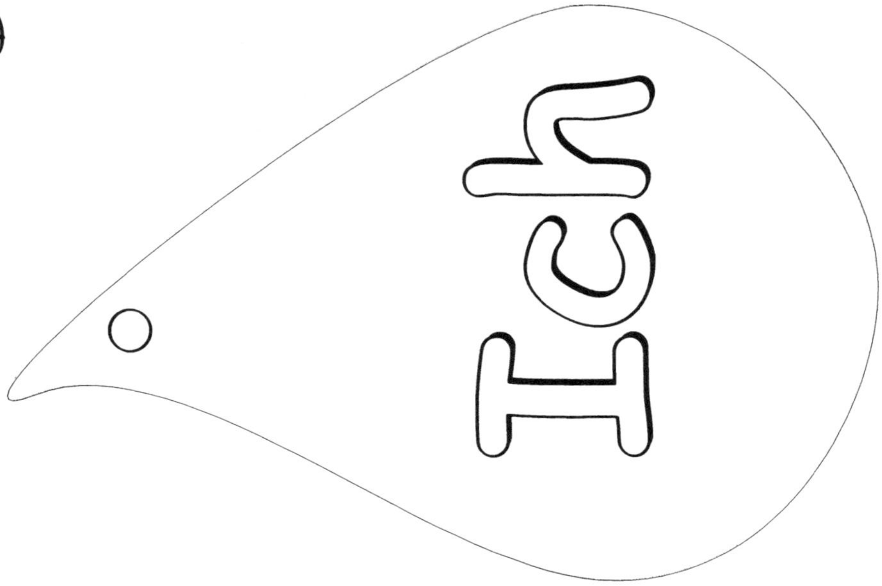

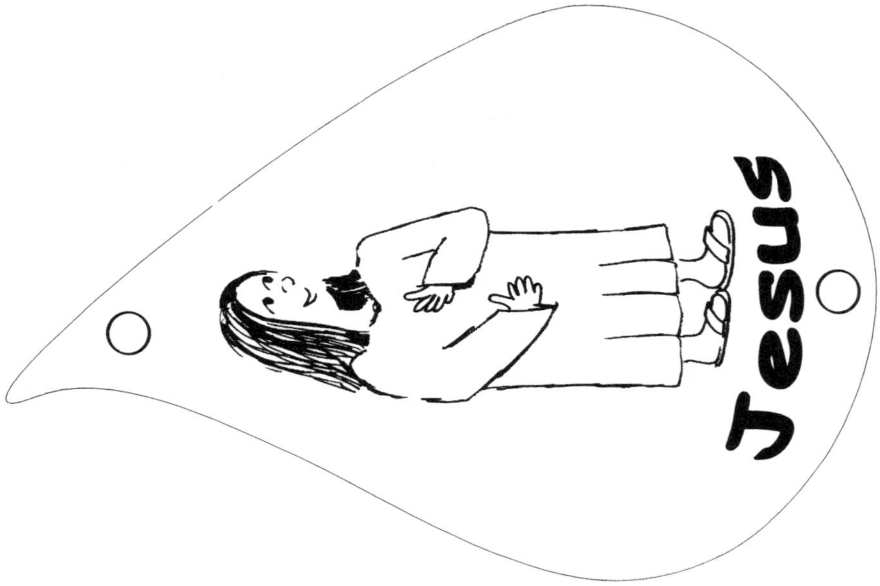

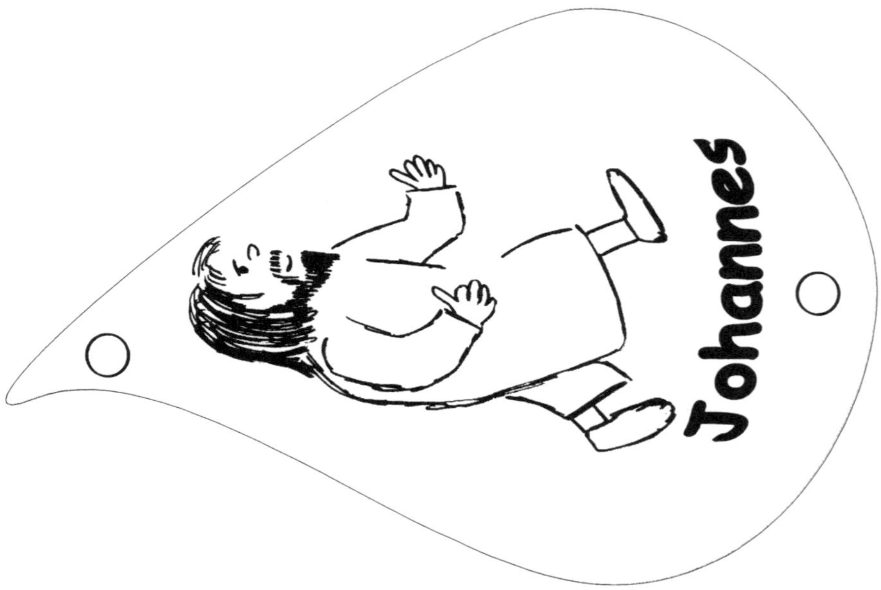

Die ersten Jünger

Eingangsgedanken: Markus 3,16
Die Jünger von Jesus kennt fast jeder. Das waren die engsten Vertrauten und Freunde von Jesus. Aber wie sie hießen? Das können selbst die wenigsten Erwachsenen aufzählen. Es gab einige, die besonders auffielen: Petrus, auf den Jesus später seine Gemeinde aufbaute, Thomas, der oft zweifelte und Beweise brauchte oder Judas, der Jesus durch seinen Kuss den Soldaten auslieferte. Aber alle zwölf Jünger aufzählen? Wenn man einem Namen ein Gesicht zuordnet, kann man ihn sich besser merken. Die Gesichter in der folgenden Bastelarbeit sind sicher nicht den historischen Vorlagen ähnlich, aber vielleicht erleichtern sie den Kindern doch, sich die Namen aller zwölf Jünger zu merken.

Alter: ab 4 Jahre

Materialliste:
Bastelbogen A bis E, weißes, dickes Papier/weiße Pappe DIN A4, feine Stifte in kräftigen Farben, Scheren, Klebestifte

Vorbereitung:
Kopieren Sie die Bastelbogen auf weißes Papier/weiße Pappe.

Bastelteile und Anleitung:
Die Kinder malen die einzelnen Bastelbogen aus und schneiden sie anschließend aus. Dann werden alle Bögen in der Reihenfolge A bis E aneinander geklebt. Nachdem die senkrechten Seitenkanten mit einer offenen Schere oder einem spitzen Stift angeritzt wurden, können die Bilder zu einem Leporello gefaltet werden.

Bastelbogen A

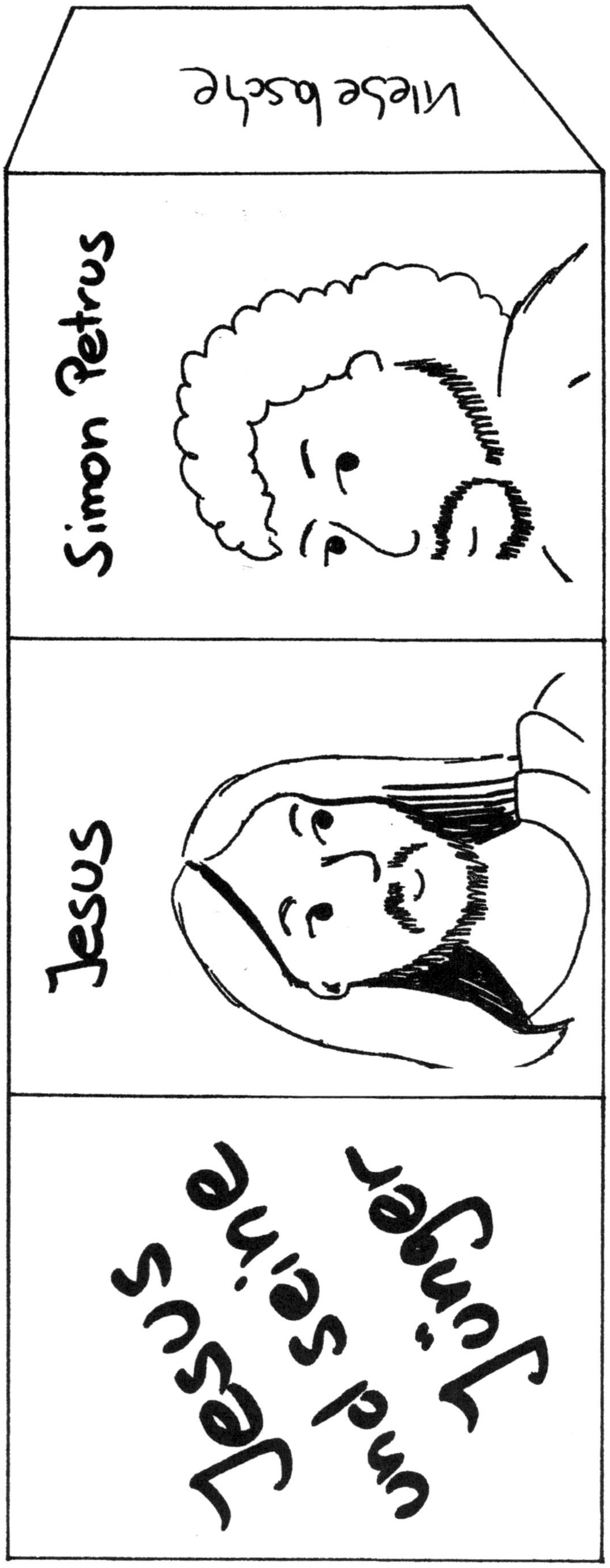

Bastelbogen B

Bastelbogen C

Bastelbogen D

Bastelbogen

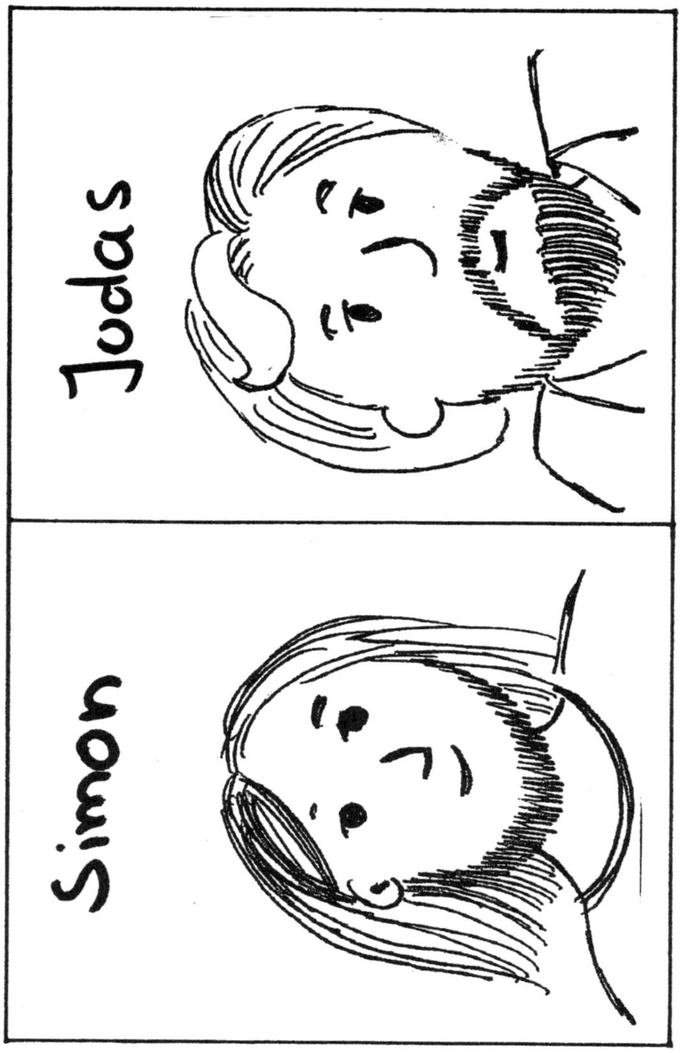

Stillung des Sturms

Eingangsgedanken: Markus 4,35-41

Das Schiff, in dem Jesus und seine Jünger sitzen, ist in einen schweren Sturm geraten. Die Jünger geraten in Panik, schreien um Hilfe, aber Jesus bekommt davon zunächst nichts mit. Er schläft. Den Jüngern fehlt das Vertrauen. Sie befürchten den Schiffbruch und ihren Tod. Erst als Jesus den Sturm zum Stillstand bringt und die Wellen sich beruhigen, erinnern sich die Jünger an Jesu Macht.

Uns geht es heute nicht anders. Wir glauben an Gott und freuen uns über seinen Segen, aber wenn es wieder einmal hart auf hart kommt, vergessen wir oft, dass Jesus bei uns ist. Plötzlich steht uns das Wasser sinnbildlich bis zum Hals und wir schreien genauso um Hilfe wie damals die Jünger. Dann brauchen wir jemanden, der uns an Gottes Fürsorge erinnert und unseren persönlichen Sturm stillt.

Alter: ab 5 Jahre

Materialliste:

Bastelvorlage A, weißes Papier DIN A4, 9 Schaschlikspieße pro Kind, Buntstifte, Knetgummi, dünnes Band, Tesafilm

Vorbereitung:

Kopieren Sie den Bastelbogen auf weißes DIN A4 Papier.

Bastelteile und Anleitung:

Aus den Schaschlikspießen wird ein Schaukelgestell gebastelt, an dem später das Schiffchen schaukelt.

Lege dafür vier Spieße zu einem Quadrat zusammen. Die Ecken werden jeweils in einer kleinen Kugel Knetgummi zusammengesteckt. Dann werden an den beiden Seiten zwei Spieße zu Dreiecken aufgestellt und oben mit einer Knetgummikugel fixiert. Der letzte Spieß ist der obere Querbalken, an dem später das Schiffchen hängt.

Male den Regenbogen und den Schriftzug auf dem Papier bunt an und falte dann aus dem Blatt ein Schiffchen. Das geht so:

1. Klappe die obere Hälfte über die Mitte nach unten.
2. Suche die Mittellinie, indem du die linke Hälfte auf die rechte Hälfte legst, mit dem Finger einen Knick drückst und das Papier wieder entfaltest.
3. Lege das Papier mit der offenen Seite nach unten vor dir auf den Tisch. Falte die beiden Ecken oben rechts und oben links an der Mittellinie nach unten.
4. Falte den untenliegenden vorderen Streifen nach oben und schlage die Ecken nach hinten um.
5. Drehe dein Papier um und mache es wie vorher auf der anderen Seite.
6. Drehe den Hut um 90 Grad und öffne ihn. Die Daumen liegen innen.
7. Lege dann die obere und die untere Spitze aufeinander.
8. Falte das vordere untere Dreieck nach oben.
9. Drehe das Papier um und klappe wieder das untere Dreieck nach oben.
10. Öffne den Hut wieder und lege die obere Spitze auf die untere.
11. Ziehe jetzt an den oberen Ecken der Dreiecke nach außen und forme das Schiffchen aus.

Bastelvorlage A

Din A5 auf Din A4 vergrößern!

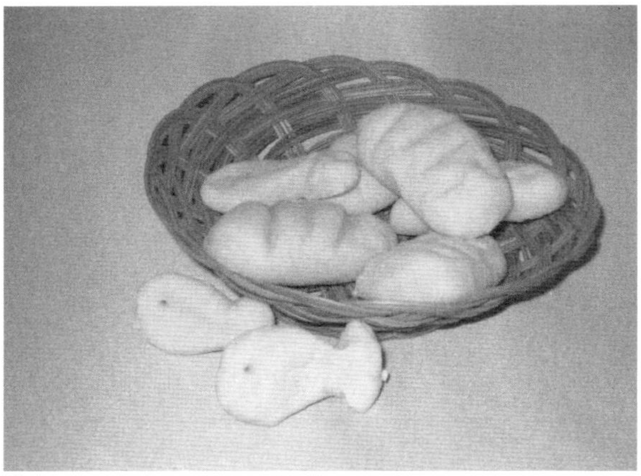

Speisung der 5000

Eingangsgedanken: Markus 6,32-44
Die Geschichte von der Speisung der 5000 ist immer wieder faszinierend. 5000 Menschen sind zusammen und werden von fünf Broten und zwei Fischen satt. Mit dem logischen Menschenverstand ist das nicht nachvollziehbar. Aber es war ja gar nicht das Brot alleine, das die Menschen sattgemacht hat. Die Zeit mit Jesus, die Dinge, die er den Menschen erzählt hat und die Nähe zu Gott, die er den Menschen gegeben hat, das alles hat dazu beigetragen, dass die Menschen gesättigt nach Hause gehen konnten. Satt und glücklich erfüllt.

Alter: ab 3 Jahre

Materialliste:
Salz, Wasser, Mehl

Vorbereitung:
Bereiten Sie aus 3 Tassen Mehl, 2 Tassen Salz und 1 $^1/_4$ Liter lauwarmem Wasser (Teigmenge je nach Gruppengröße verdoppeln) einen elastischen Salzteig.

Bastelteile und Anleitung:
Die Kinder formen aus dem Salzteig fünf Brote und zwei Fische. Brote und Fische werden bei 100°C gebacken.

Der barmherzige Samariter

Eingangsgedanken: Lukas 10,25 – 37
Das Gleichnis vom barmherzigen Samariter erzählt die Geschichte von einem Mann, der überfallen wird und hilflos am Straßenrand liegenbleibt. Verschiedene Menschen gehen achtlos an ihm vorbei. Nur der fremde Mann aus Samarien hilft ihm.
Jesus macht in diesem Gleichnis deutlich, dass wir uns nicht aussuchen können, welche Menschen unsere Nächsten sein sollen, wen wir mögen können und wen nicht. Unser Nächster, das sind alle Menschen. Der Mann aus Samarien macht dies vor. Er hilft dem Verletzten ganz unabhängig davon, dass die Stämme der beiden Männer eigentlich verfeindet sind. Er geht sogar noch darüber hinaus. Er beschränkt sich nicht auf eine flüchtige Erstversorgung. Er bringt den Mann in eine Herberge und bezahlt die weitere Pflege.

Alter: ab 4 Jahre

Materialliste:
Vorlagen Malbuch, weißes Papier, feine Stifte in kräftigen Farben

Vorbereitung:
Kopieren Sie die Vorlagen auf weißes Papier und heften Sie dies zu kleinen Malbüchern zusammen.

Bastelteile und Anleitung:
Die Kinder malen die einzelnen Bilder des Malbuches an. Dies kann auch parallel zum Vorlesen der Geschichte passieren.

Der barmherzige Samariter

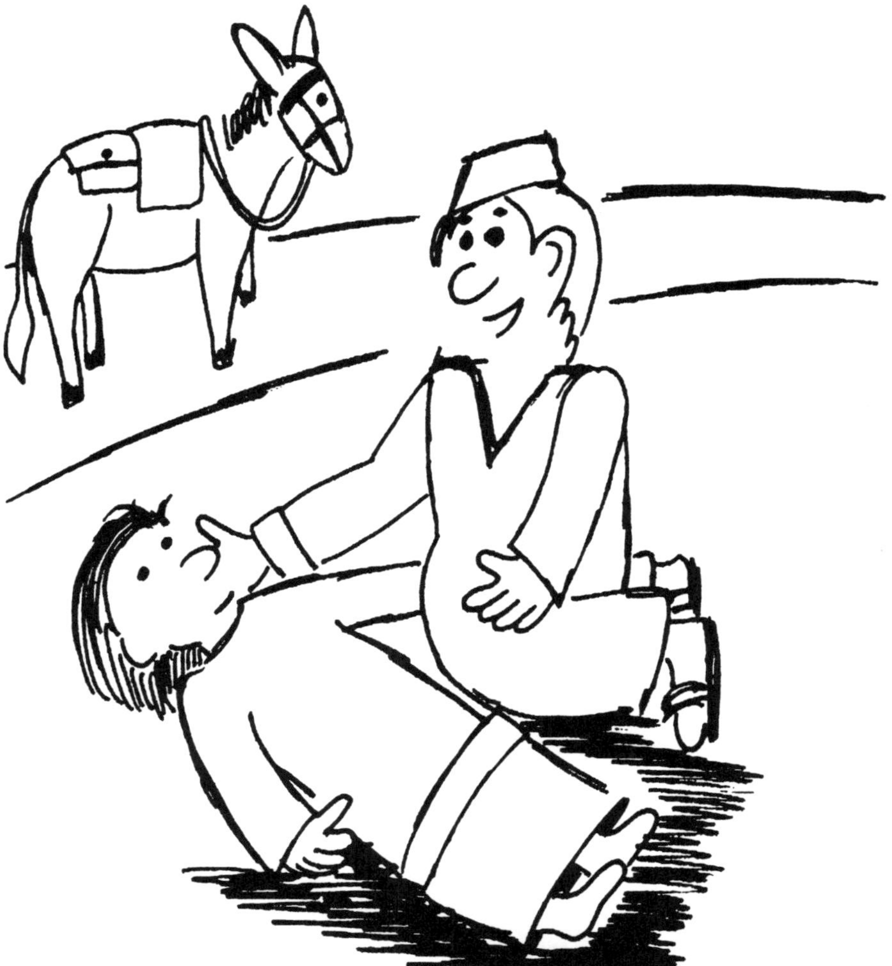

Ein Malbuch

Das verlorene Schaf

Eingangsgedanken: Lukas 15,1-7
Das Gleichnis vom verlorenen Schaf ist sicher den meisten Kindern bekannt. Ein Schäfer verlässt seine 99 Schafe, um sich auf die Suche nach dem einen verirrten Schaf zu machen. Gott ist wie ein Hirte für uns. Wenn wir uns verirren und verlaufen in unserem Leben geht er uns nach. Er sucht jeden einzelnen von uns, damit wir in seiner Liebe bleiben.

Alter: ab 5 Jahre

Materialliste:
Bastelbogen A bis C, weißes, dickes Papier/weiße Pappe DIN A4, feine Stifte in kräftigen Farben, Scheren, Klebestifte, Cuttermesser

Vorbereitung:
Kopieren Sie die Bastelbogen auf weißes Papier/weiße Pappe. Schneiden Sie die Türchen im Bastelbogen A mit einem Cuttermesser vor, da dies für die Kinder zu schwierig und zu gefährlich ist.

Bastelteile und Anleitung:
Die Kinder malen die einzelnen Bastelbogen aus und kleben die Teile von Bogen A und B aufeinander. Die Figur des Schäfers und die Schafe werden einfach vor dem Aufsteller mit den Türchen hingestellt.

Bastelbogen A

Bastelbogen B

Bastelbogen C

Der verlorene Sohn

Eingangsgedanken: Lukas 15,11-32

Das Gleichnis vom verlorenen Sohn erzählt von einem Vater, der zwei Söhne hat. Während der eine zu Hause bleibt und bei seinem Vater arbeitet, verlangt der andere seinen Erbteil und geht in die Ferne. Er verjubelt das Geld, lebt in Saus und Braus. Doch eines Tages ist er völlig am Ende. Pleite und ausgebrannt macht er sich auf den Weg nach Hause. Sein Vater empfängt ihn nicht mit einem „Ich hab's dir ja gleich gesagt", wie man es vielleicht erwarten würde, sondern läuft ihm freudestrahlend entgegen. Der Vater nimmt den Sohn nicht nur wieder auf, sondern er lässt alles stehen und liegen, um ihm das letzte Stück des Weges entgegenzugehen. So ist Gott auch. Er nimmt es nicht nur zur Kenntnis, wenn wir uns ihm zuwenden, sondern er kommt uns voller Freude entgegen.

Alter: ab 5 Jahre

Materialliste:

Bastelbogen A und B, weißes, dickes Papier/weiße Pappe DIN A4, feine Stifte in kräftigen Farben, Scheren, Klebestifte, Cuttermesser

Vorbereitung:

Kopieren Sie die Bastelbogen auf weißes Papier/weiße Pappe.

Bastelteile und Anleitung:

Die Kinder malen die beiden Bastelbogen an und schneiden sie aus. Die beiden Papierstreifen werden an die Figuren geklebt, vom Vater nach rechts und von Sohn nach links laufend. Mit einem Cuttermesser schneiden Sie die beiden Schlitze auf dem Bastelbogen A ein, durch die Schlitze werden die Papierstreifen nach hinten gefädelt. Jetzt können der Vater und der Sohn aufeinander zu laufen.

Bastelbogen A

Bastelbogen B

Der vierfache Acker

Eingangsgedanken: Markus 4,1-9
Gott sät sein Wort über uns aus, wie ein Sämann seine Saat auf das Feld ausstreut. Aber nicht jeder Same bringt Frucht. Manchmal fallen Samenkörner auf den Weg und werden zertreten; manchmal fallen Gottes Worte auf einen Menschen, der diese Worte mit Füßen tritt. Manchmal fallen die Samenkörner auf ein dichtbewachsenes Stück Buschwerk. Dann geht die Saat auf, aber sie wird von den anderen Pflanzen erstickt. So nehmen auch manche Menschen Gottes Wort auf, aber die Worte überstehen den Alltag der Menschen nicht. Manchmal fallen die Samenkörner auf dürren, steinigen Boden. Dann gehen sie auf, aber in der heißen Sonne verdorren sie gleich wieder. So nehmen auch manche Mensch das Wort Gottes auf, aber im nächsten Lebenssturm sind sie wieder verloren.
Manchmal aber fallen die Samenkörner auf einen fruchtbaren Boden und tragen hundertfache Frucht. Genauso gibt es auch Menschen, die hören das Wort Gottes und nehmen es für ihr ganzes Leben in ihren Herzen auf.

Alter: ab 4 Jahre

Materialliste:
Holzbrettchen 20 X 20 X 1 cm, Leisten 3-4 cm breit und 20,5 cm lang, Schmirgelpapier 20 X 20 cm, Tacker, Heißklebepistole, Steinchen, Gestrüpp aller Art (Äste/Zweige, aber keine Holzwolle oder Ähnliches), feuchte, gedüngte Erde, Kressesamen

Vorbereitung:
Bereiten Sie für jedes Kind einen kleinen Garten wie folgt vor: Tackern Sie um jede Platte eine Kante aus Leisten. Legen Sie die komplette Fläche mit Schmirgelpapier aus. Kleben Sie mit der Heißklebepistole zwei Leisten diagonal in die Fläche:

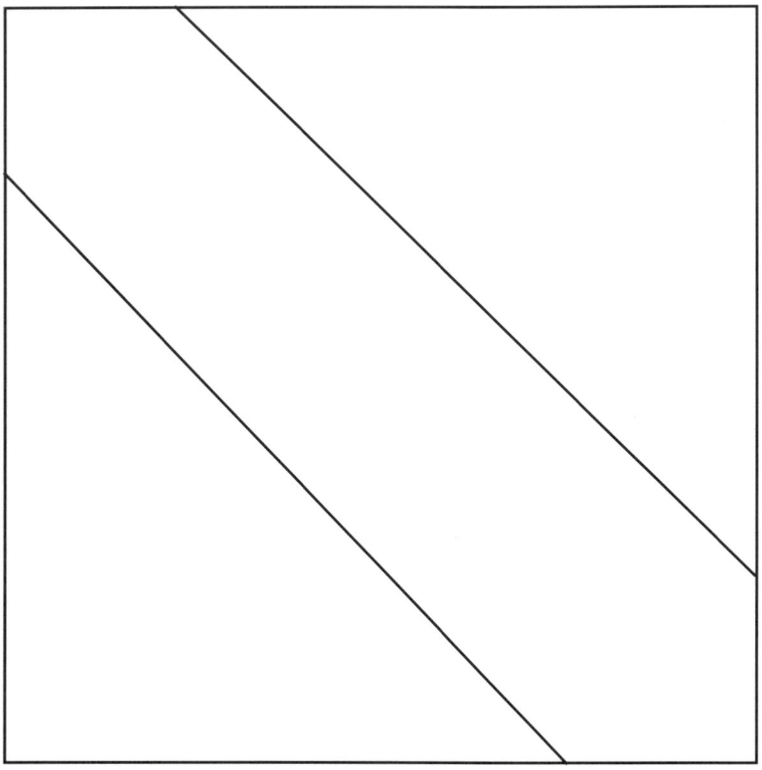

Anleitung:

Die Kinder befüllen jetzt eine Ecke mit Erde, die andere Ecke halb mit Steinchen und halb mit Gestrüpp. Dann verteilen Sie die Kressesamen großzügig über die gesamte Fläche. Auf der feuchten Erde werden bald die ersten Hälmchen sprießen, auf den anderen Flächen kommen vielleicht einige Samen auf, aber die werden sicher nicht lange halten.

Jesus und die Kinder

Eingangsgedanken: Markus 10,13-16
Jesus hat mit seinen Worten und Taten auf vieles hingewiesen, was für die Zuhörer und Zuseher neu und zuweilen provokant gewesen ist. Sein Umgang mit Kinder war neu und hat viele provoziert. Die Kinder hatten bei den Begegnungen unter Erwachsenen nichts verloren. Sie wurden fortgeschickt, ausgeschlossen. Jesus geht einen großen Schritt weiter. Nicht nur, dass er die Kinder ausdrücklich in seiner Nähe haben möchte: „Lasst die Kinder zu mir kommen und wehret ihnen nicht!", er stellt sie den Erwachsenen auch als Vorbilder dar: „Und ich sage euch: Wenn ihr nicht werdet wie Kinder, werdet ihr nicht zu Gott kommen!"

Alter: ab 6 Jahre

Materialliste:
Bastelbogen A und B, weißes, dickes Papier/weiße Pappe DIN A4, feine Stifte in kräftigen Farben, Scheren, Klebestifte

Vorbereitung:
Kopieren sie die Bastelbogen auf weißes Papier/weiße Pappe.

Bastelteile und Anleitung:
Male die Kinder und Jesus auf den beiden Bastelbogen aus. Ritze die Unterkante (über den Klebeflächen) mit einer offenen Schere oder einem spitzen Stift ein. Schneide beide Bastelbogen aus. Klebe die beiden Teile mit den Kindern zu einem Kreis zusammen. Schneide nun den oberen Rand wellförmig über den Köpfen ab. Bestreiche die Klebelaschen auf der bemalten Seite mit Kleber und knicke sie nach innen um. Lege den ausgeschnittenen Kreis in die Mitte der Kinder.

Bastelbogen A

Bastelbogen B

Jesus und die Kinder

Zachäus auf dem Baum

Eingangsgedanken: Lukas 19,1-10
Zachäus ist als Zöllner alles andere als beliebt bei den Menschen seiner Stadt. Er ist unbeliebt und wird ausgeschlossen. Doch an ihm macht Jesus deutlich, dass nicht nur die Menschen an seinen Tisch eingeladen sind, die sich immer an alle Gebote halten und immer alles richtig machen. Jesus nimmt auch die Menschen in seinen Kreis auf, die als Sünder gelten, die von den anderen Menschen aus den verschiedensten Gründen gemieden werden. Zachäus ist so ein Mensch. Die Anderen wollen ihn noch nicht einmal in die Nähe von Jesus lassen. Er muss durch eine List auf sich aufmerksam machen. Er klettert auf einen Baum, um Jesus sehen zu können. Jesus nimmt ihn nicht nur wahr, er geht auch mit Zachäus nach Hause und ist sein Gast.

Alter: ab 5 Jahre

Materialliste:
Bastelbogen A und B,
weißes, dickes Papier/weiße Pappe DIN A4, feine Stifte in kräftigen Farben, Scheren, Klebestifte

Vorbereitung:
Kopieren Sie die Bastelbogen auf weißes Papier/weiße Pappe.

Bastelteile und Anleitung:
Die Kinder malen die vier Baumteile und die Figur des Zachäus an und schneiden anschließend alle Teile aus. Die beiden Bäume A werden aufeinandergeklebt, genauso die beiden Bäume B. Nach einer kurzen Trokkenpause werden die geraden Einschnitte mit einer Schere nachgeschnitten. Jetzt können die Kinder die beiden Baumteile zusammenstekken und den Zachäus in eine Astgabel setzen.
Tipp: Wenn der Zachäus nicht flächig mit Kleber bestrichen wird, sondern nur an einem kleinen Punkt, dann sieht er auf dem Baum plastischer aus.

Bastelbogen A
2x

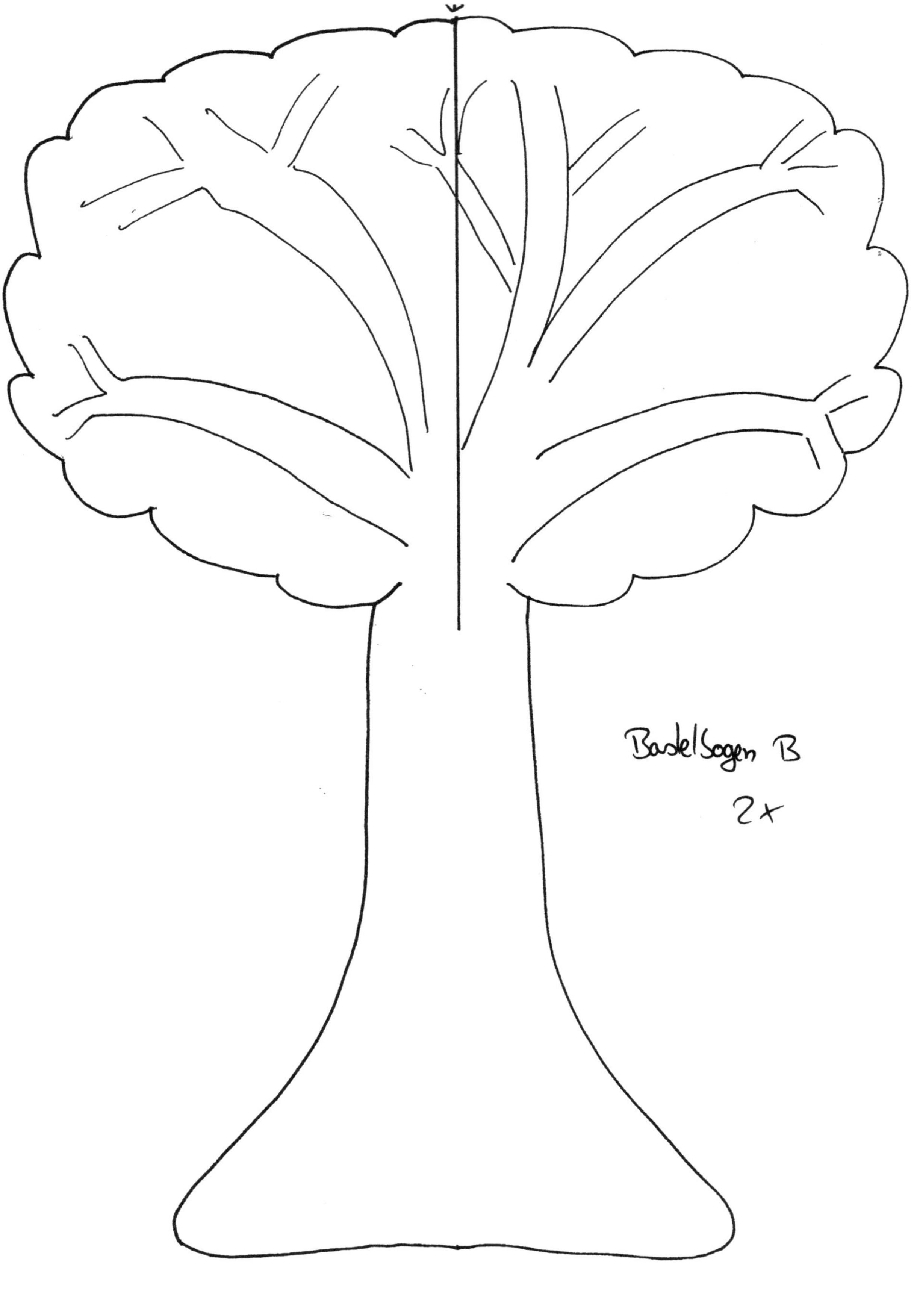

Bastelbogen B

2x

Das letzte Abendmahl

Eingangsgedanken: Matthäus 26,20-29
Jesus hat beim letzten Abendmahl noch einmal alle Jünger um sich versammelt. In dem konkreten Bewusstsein dessen, was auf ich zukommt und der menschlichen Angst davor („Lass diesen Kelch an mir vorüberziehen."), verbringt er den letzten Abend im Gebet und mit seinen Freunden. Aber er nutzt dieses Abendmahl nicht nur, um Kraft für sich selber zu schöpfen, sondern er gibt den Jüngern genaue Aufträge, wie sie nach seinem Tod das Andenken an ihn aufrecht halten sollen. Er zeigt ihnen, wie sie den Wein und das Brot teilen sollen. Dies sollen sie tun „zu meinem Gedächtnis".

Alter: ab 6 Jahre

Materialliste:
Bastelbogen A und B, weißes, dickes Papier/weiße Pappe DIN A4, feine Stifte in kräftigen Farben, Scheren, Klebestifte

Vorbereitung:
Kopieren Sie die Bastelbogen auf weißes Papier/weiße Pappe. Schneiden Sie die beiden Schlitze an der Jesusfigur, durch die später die Arme gesteckt werden, mit einem Cuttermesser vor.

Bastelteile und Anleitung:
Die Kinder malen zunächst beide Bastelbogen an und schneiden sie anschließend aus. Nachdem alle Knickkanten mit einem spitzen Stift oder einer offenen Schere vorgeritzt wurden, wird aus dem Bastelbogen A der Abendmahlstisch zusammengeklebt. Die Rückwand vom Bastelbogen B wird anschließend dahintergeklebt.

Bastelbogen A

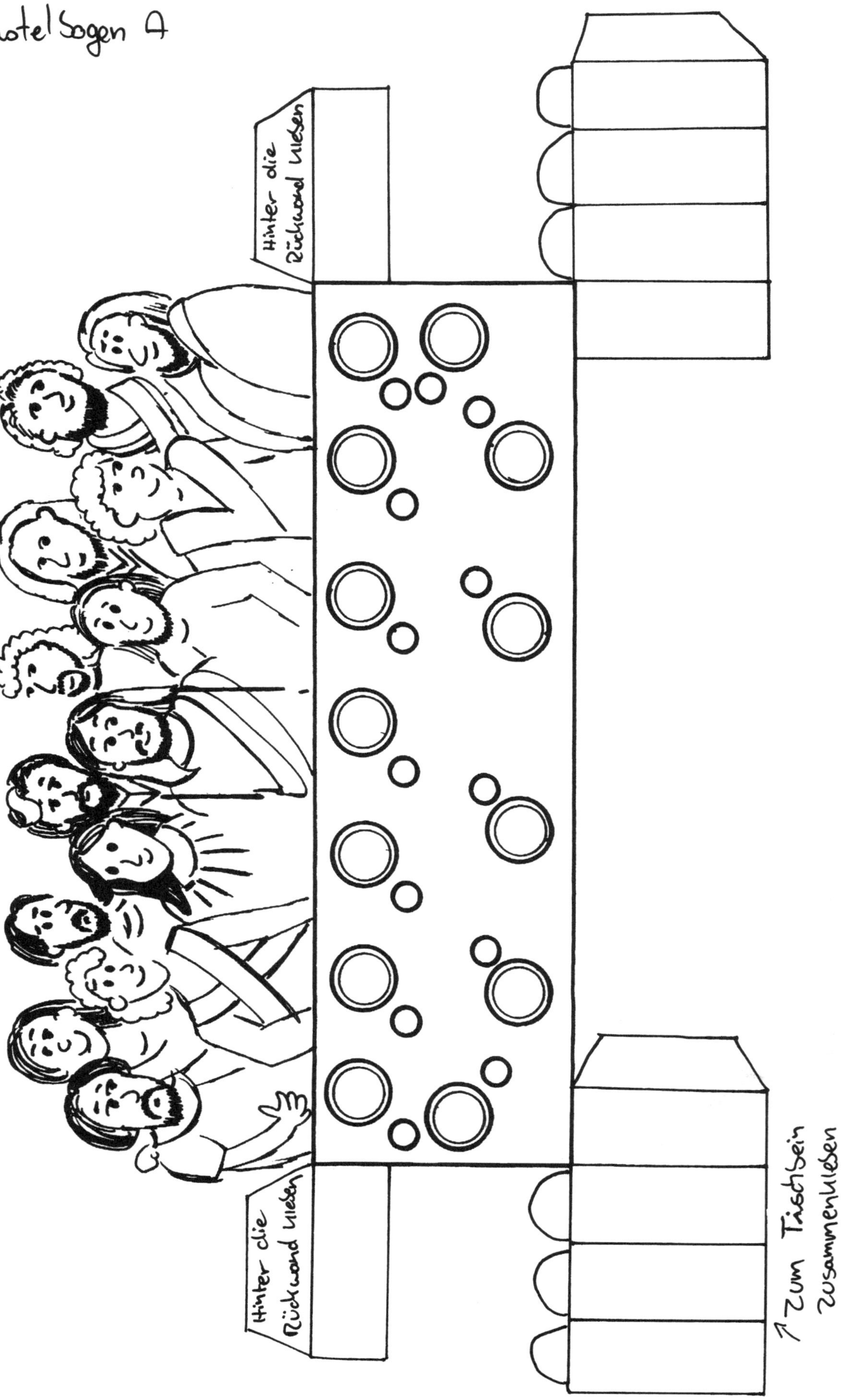

Bastelbogen B

Jesus wird gekreuzigt

Eingangsgedanken: Matthäus 27,31-54
Der Tod Jesu am Kreuz ist unausweichlicher Teil des göttlichen Auftrags, den Jesus als Gottes Sohn zu erfüllen hat. Aber er ist nicht nur gestorben, sondern er ist gestorben und hat stellvertretend für uns alle die Sünde auf sich genommen. Dieser Tod ist nicht in einem dunklen, verborgenen Winkel eines Kerkers vor sich gegangen, sondern öffentlich. Alle, die daran gezweifelt haben, dass Jesus Gottes Sohn ist, erleben eine beängstigende Allmacht Gottes. Die Sonne verfinsterte sich, Felsen bersten entzwei und der Vorhang im Tempel reißt in zwei Teile. Die Zweifler, wie zum Beispiel der Hauptmann unter dem Kreuz, beginnen, doch an Jesus zu glauben.
Diejenigen, die Jesus als Gottes Sohn erkannt haben, sehen, dass er auch menschliche Gefühle hat. Er hat Angst, ist verzweifelt („Warum hast du mich verlassen?") und schreit im Sterben. Seinen Freunden ist er dadurch noch näher gekommen.

Alter: ab 5 Jahre

Materialliste:
Bastelbogen A, weißes, dickes Papier/weiße Pappe DIN A4, feine Stifte in kräftigen Farben, Scheren, Klebestifte, dünne Latten (pro Kind 1 X 15cm und 1 X 10cm lang), Knetgummi, Kneteschneider/stumpfes Messer, dünnes Paketband, runde Holzbrettchen ca. 15 cm Durchmesser

Vorbereitung:
Kopieren Sie den Bastelbogen auf weißes Papier/weiße Pappe.

Bastelteile und Anleitung:
Forme aus dem Knetgummi eine Halbkugel und drücke sie auf dem Holzbrettchen fest. Dies ist der Hügel, auf dem Jesus gekreuzigt wurde. Schneide mit dem Knetemesser den Hügel zickzackförmig ein und ziehe

die entstandenen Hälften etwas auseinander. Denn als Jesus gestorben ist, hörten die Menschen ein Donnergrollen und große Felsen am Hügel brachen entzwei.
Lege jetzt die Latten wie ein Kreuz übereinander und binde sie mit dem Paketband zusammen. Das Kreuz drückst du einfach tief in eine Seite des Knetgummihügels.
Auf dem Bastelbogen A findest du ein Bild von Jesus am Kreuz. Male es an und schneide es aus. Das Jesusbild wird einfach mit etwas Kleber an das Kreuz geheftet.

Bastelbogen A

Das leere Grab

Eingangsgedanken: Matthäus 28,1-10
Als Maria und Maria Magdalena zum Grab von Jesus gingen, trugen sie einen Krug mit kostbaren Salben bei sich. Sie wollten ihrem Freund in ihrer Trauer die letzte Ehre erweisen und ihn einsalben. Doch als sie zu dem Grab kommen, ist dies leer. Für uns heute klingt das toll: Jesus ist auferstanden. Aber was für ein Schock muss das für die beiden Freuen im ersten Moment gewesen sein? Stellen Sie sich vor, Sie wollen einen nahen Angehörigen in der Leichhalle noch einmal sehen und der Sarg vor Ihnen ist leer! Maria und Maria Magdalena waren sicher genauso geschockt. Zum Glück ist ein Engel Gottes da, der ihnen die frohe Botschaft von der Auferstehung Jesu erzählen kann. Jesus hat den Tod überwunden.

Alter: ab 6 Jahre

Materialliste:
Bastelbogen A bis C, weißes, dickes Papier/weiße Pappe DIN A4, feine Stifte in kräftigen Farben, Scheren, Klebestifte, schwarze Bastelpappe, gelbes Transparentpapier, Doppelklebeband, hohe, schmale Gläser, Teelichter

Vorbereitung:
Kopieren Sie den Bastelbogen A für jedes Kind auf weißes Papier/weiße Pappe. Kopieren Sie die Bastelbogen B und C einmal auf dickes Papier und schneiden Sie diese als Schablone aus. Umzeichnen Sie die Schablonen auf der schwarzen Pappe mit einem Bleistift. Bei kleineren Kindern sollten Sie die Öffnung für das gelbe Transparentpapier schon fertig ausschneiden.

Bastelteile und Anleitung:
Male die beiden Frauen auf dem Bastelbogen A an und schneide sie anschließend aus. Schneide die vorgezeichneten Teile aus der schwarzen Pappe aus und ritze die Knickkanten mit einer offenen Schere oder einem spitzen Stift vor. Klebe nun hinter die Öffnung in der Vorderseite das gelbe Transparentpapier. Jetzt musst du die einzelnen Teile zu einer Laterne zusammensetzen. Das Glas wird in der Mitte der Laterne mit einem Streifen Doppelklebeband befestigt. Die beiden Frauen klebst du mit etwas Kleber an die Seitenränder der gelben Vorderseite. Stelle das Teelicht in das Glas und bitte einen Erwachsenen, die Kerze anzuzünden.

Bastelvorlage A

Bastelbogen B

1x Vorderseite
<u>und</u>
1x Rückseite
(ohne Loch!)

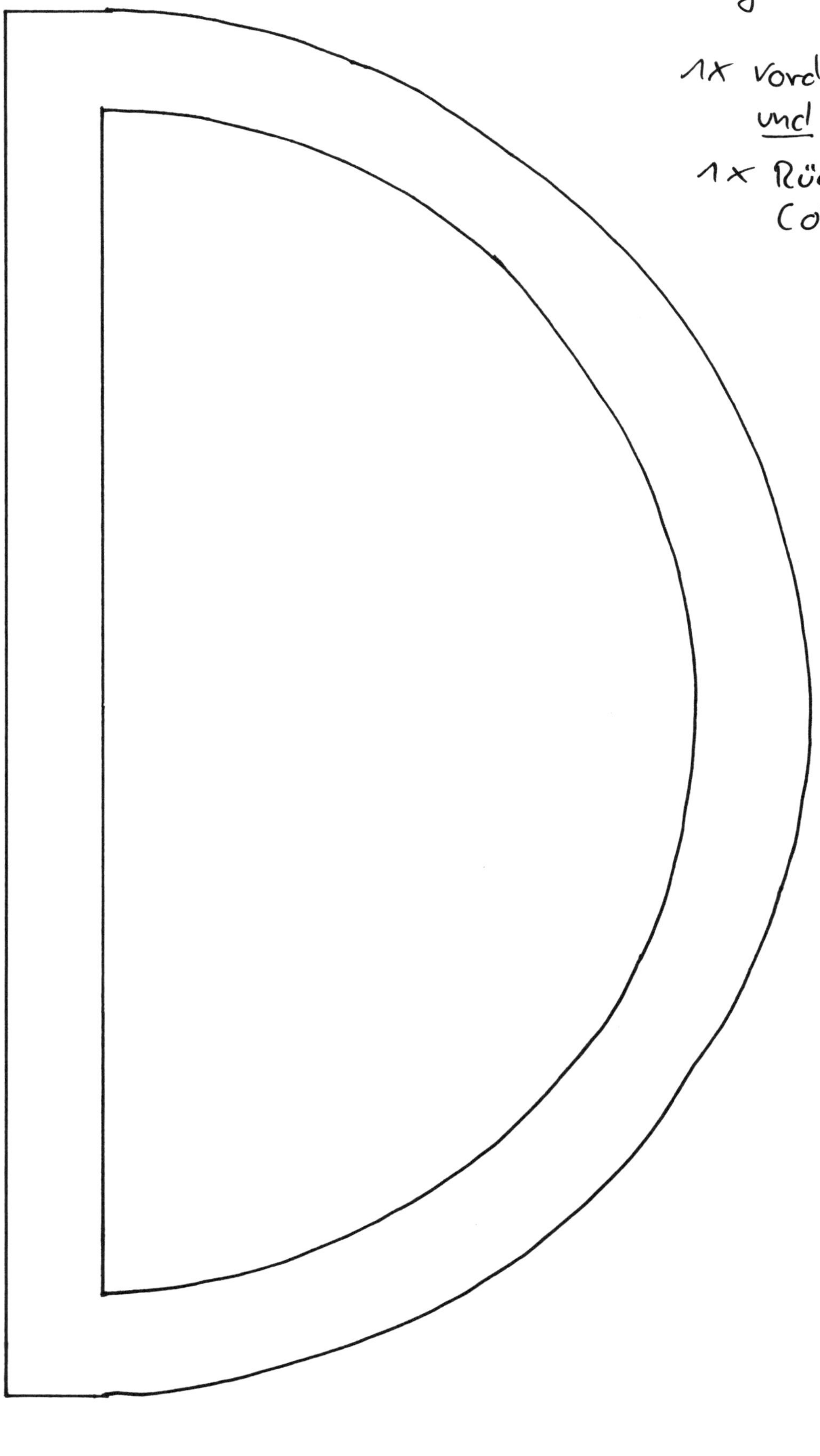

Bastelbogen C

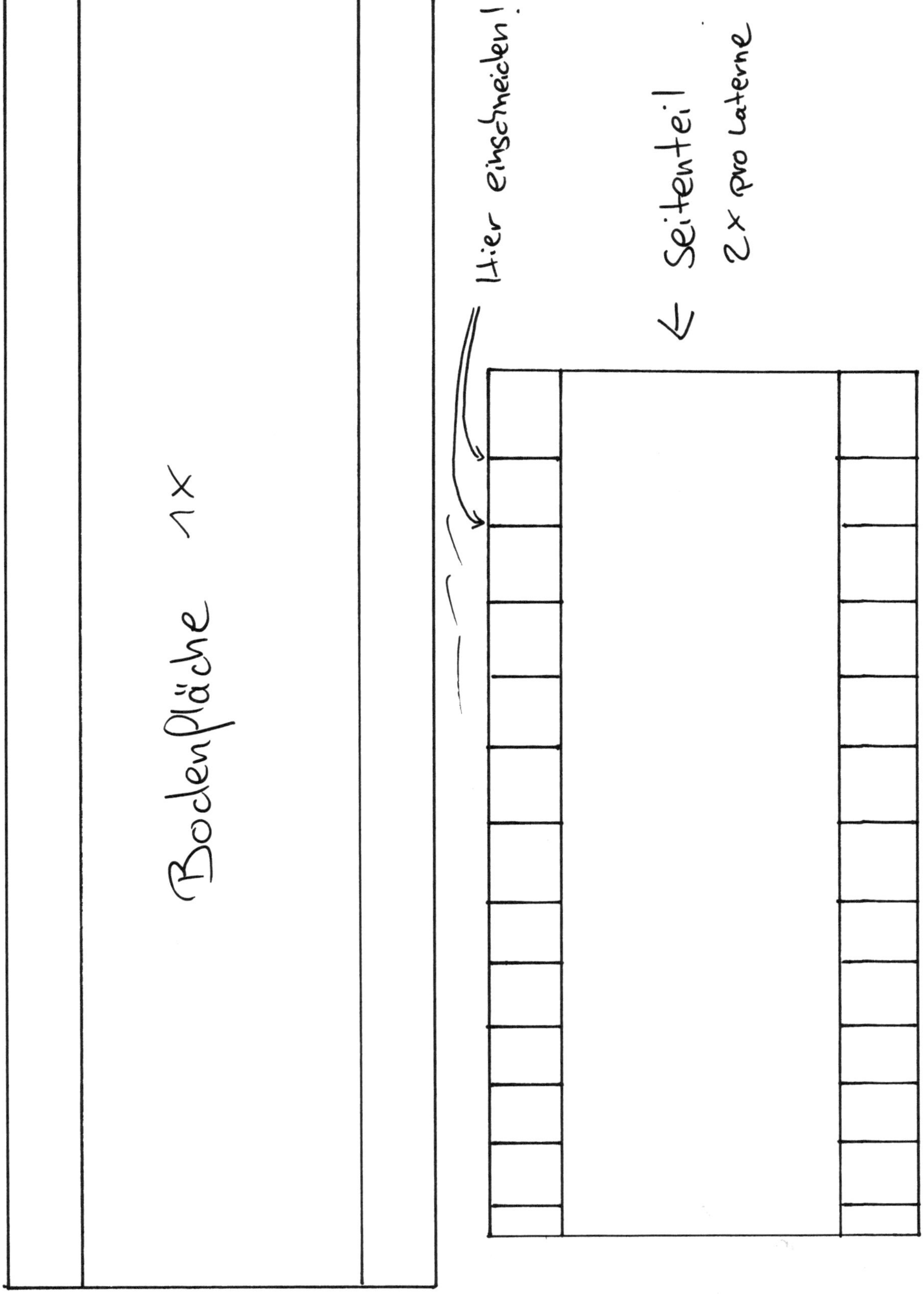

Der Auferstandene

Eingangsgedanken: Lukas 24
Zwei Jünger machen sich nach den Ereignissen rund um die Kreuzigung entsetzt und entmutigt auf dem Heimweg nach Emmaus. Zwar berichten die Frauen von dem leeren Grab und den Worten des Engels, der von Jesus Auferstehung berichtet hat, aber die beiden Jünger wissen noch nicht, was sie davon halten sollen. Sie begegnen unterwegs Jesus. Sie erkennen ihn aber nicht. Sie unterhalten sich mit ihm und erzählen von der Ereignissen der letzten Tage. Erst als Jesus mit ihnen isst und das Brot bricht, erkennen die Jünger ihn wieder. Er sieht immer noch fremd aus, aber mit ihren Herzen erkennen sie ihn wieder. Manchmal muss man eben etwas genauer hinsehen, um etwas erkennen zu können.

Alter: ab 3 Jahre

Materialliste: Bastelbogen A, schwarzer Bastelkarton, weißer Bastelkarton, Kopierfolien, Tesafilm

Vorbereitung:
Kopieren Sie die Jesusfigur auf dem Bastelbogen A in DIN A5 Größe auf Kopierfolien. Schneiden Sie aus den schwarzen Pappen DIN A5 große Stücke aus. Kopieren Sie das Kreuz vom Bastelbogen A auf die weißen Pappen.

Bastelteile und Anleitung:
Die Kinder brauchen lediglich die Folie mit dem Jesus auf die schwarze Pappe legen und an drei Seiten mit dem Tesafilm festkleben. Dann können sie das weiße Kreuz an der vierten Seite zwischen die Folie und die Pappe schieben und sie können Jesus erkennen.
Tipp: Falls einige Kinder dennoch Schwierigkeiten haben, den ganzen Jesus zu entdecken, können sie auch ein einfaches, weißes Papier in DIN A5 Größe zwischen die Folie und die Pappe schieben!

Bastelbogen A

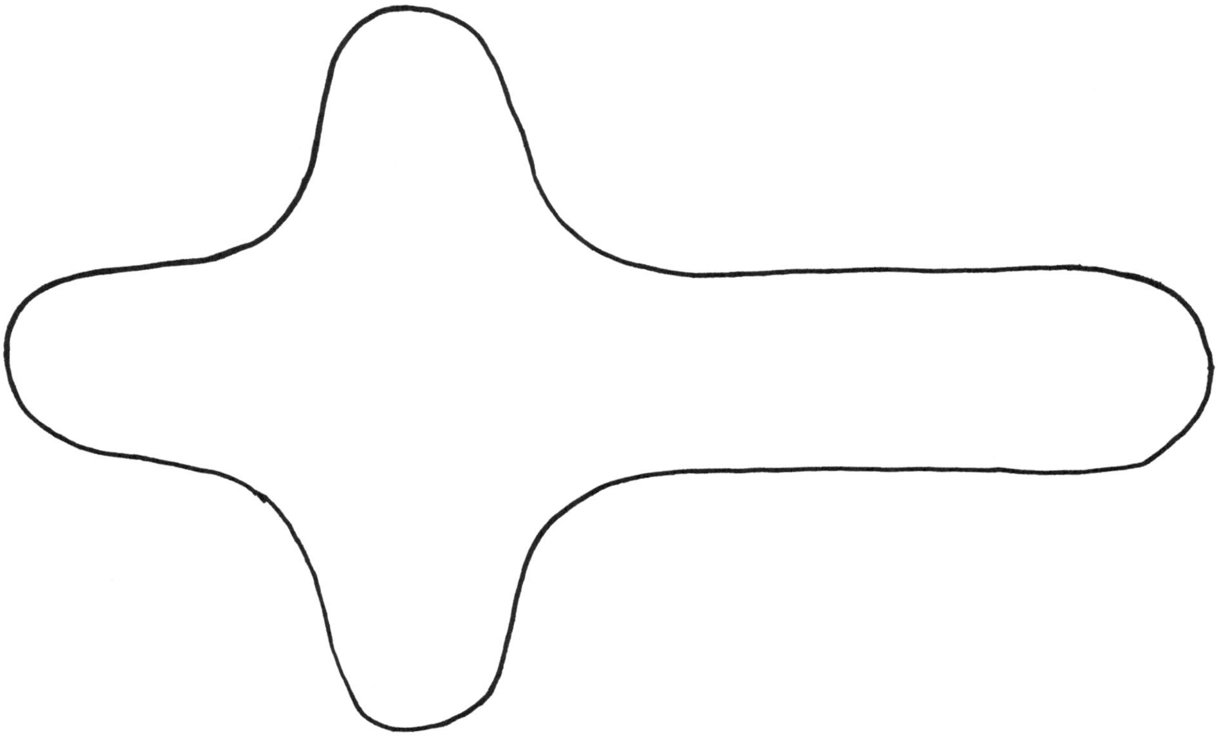

Paulus

Eingangsgedanken: Apostelgeschichte 9,1-25
Saulus, bzw. Paulus, ist eine ganz besondere Person der Bibel. Vom Christenverfolger wandelt er sich zum glühenden Verehrer des Christentums und ist maßgeblich an der Verbreitung des christlichen Glaubens beteiligt. Er unternimmt weite Reisen, um auch den Menschen in fernen Ländern von Jesus Christus zu erzählen. Dabei riskiert er, selber von der Christenverfolgung eingeholt zu werden. Sein Erlebnis auf dem Weg nach Damaskus, welches die komplette Wandlung seiner Ansichten verursachte, ist genauso rätselhaft wie faszinierend.

Alter: ab 6 Jahre

Materialliste:
Bastelbogen A und B, weißes, dickes Papier/weiße Pappe DIN A4, feine Stifte in kräftigen Farben, Scheren, Klebestifte, Lochzange, Paketband

Vorbereitung:
Kopieren Sie die Bastelbogen auf weißes Papier/weiße Pappe.

Bastelteile und Anleitung:
Die Kinder malen die einzelnen Teile der Bastelarbeit an und schneiden sie aus. Die beiden Helfer werden oben zwischen die Zinnen geklebt. Mit der Lochzange werden die beiden Henkel des Korbes und die Hände der Helfer gelocht. Anschließend wird der Korb mit den Paketbändern an den Händen der Helfer befestigt.

Bastelbogen A

Bastelbogen B

Allgemeine Themen

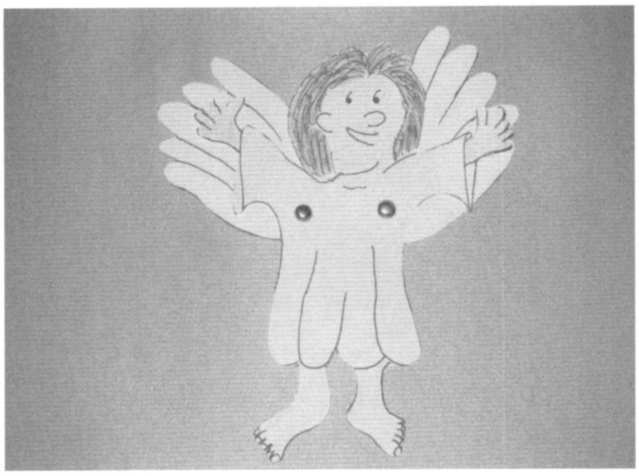

Schutzengel

Eingangsgedanken: Psalm 91,9-16

Alle Kinder haben schon einmal einen Engel gesehen. Auf Kirchenbildern oder Postkarten, auf Postern und Geschirr. Spätestens zu Weihnachten sind die Schaufenster voll davon. Einen „richtigen" Engel haben sie dagegen noch nicht gesehen. Den können sie sich auch nicht basteln, aber vielleicht ist dieser Bastelengel mit den beweglichen Flügeln eine kleine Gedächtnisstütze, damit die Kinder nicht vergessen, dass Gott jederzeit bei ihnen ist und ihnen einen Engel an die Seite stellt, der auf sie aufpasst.

Alter: ab 5 Jahre

Materialliste:

Bastelbogen A, weißes, dickes Papier/weiße Pappe DIN A4, eine Stifte in kräftigen Farben, Scheren, Lochzange, Musterbeutelklammern

Vorbereitung:

Kopieren Sie die Bastelbogen auf weißes Papier/weiße Pappe.

Bastelteile und Anleitung:

Die Kinder malen die einzelnen Teile des Engels an und schneiden sie anschließend aus. Mit einer Lochzange werden die schwarzen Punkte auf dem Engel und auf den Flügeln ausgestanzt. Mit den Musterbeutelklammern werden die Flügel dann hinter dem Engel festgesteckt.

Bastelbogen A

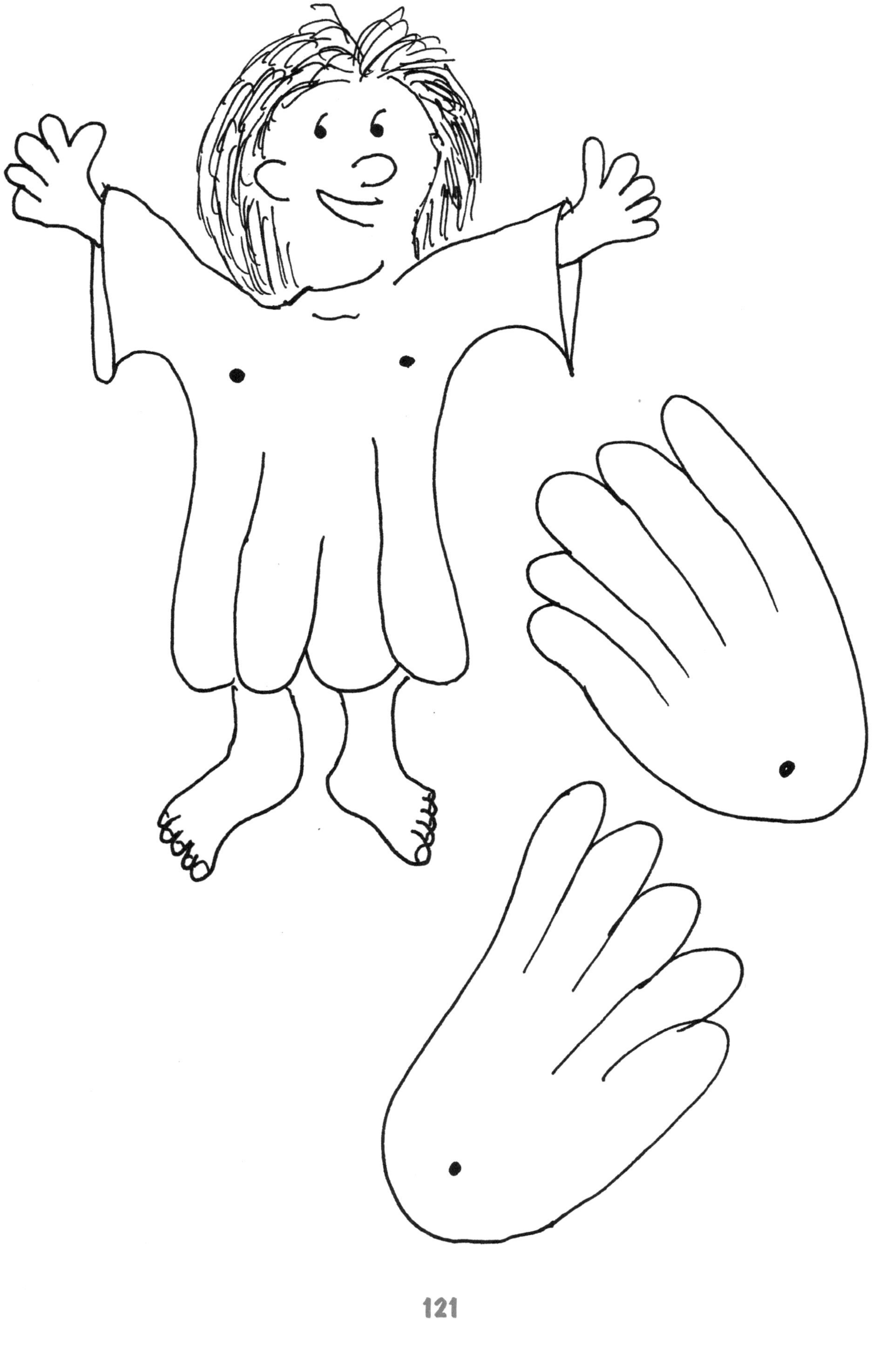

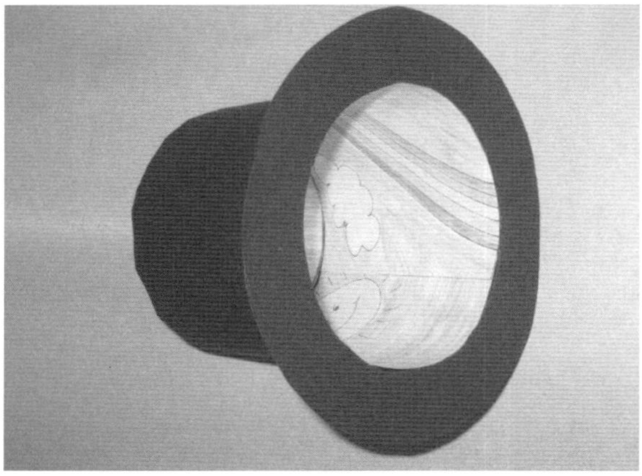

Von Gott behütet

Eingangsgedanken: Psalm 121
Gott ist immer bei uns. So wie ein Hut den empfindlichen Kopf beschützt, so beschützt Gott uns. Gott selber gibt uns das Versprechen, nicht von unserer Seite zu weichen und uns zu behüten: „Gott behütet meinen Ausgang und meinen Eingang jetzt und für immer". Auch wenn wir mal Sorgen haben und traurig sind, unter Gottes (Ob)Hut können wir immer in einen klaren Himmel sehen.

Alter: ab 7 Jahre

Materialliste:
Bastelbogen A bis C, weißes, dickes Papier/weiße Pappe DIN A4, weißes Papier, feine Stifte in kräftigen Farben, Scheren, schwarze Pappe, Klebestifte

Vorbereitung:
Kopieren Sie den Bastelbogen A auf weißes Papier/weiße Pappe und schneiden die Kreise aus. Dies ist die Schablone für den Zylinder. Kopieren Sie diese Schablone so oft auf die schwarze Pappe, dass jedes Kind zwei Innenkreise und zwei Außenringe bekommt. Außerdem bekommt jedes Kind einen Streifen schwarze Pappe: 12cm hoch (plus einem Rand von 1,5 cm an beiden Seiten) und 38 cm lang. Die Bastelbogen B und C kopieren Sie für jedes Kind auf einfaches, weißes Papier.

Bastelteile und Anleitung:
Schneide die vorgezeichneten Ringe auf der schwarzen Pappe aus, sodass du zwei Kreise und zwei Ringe erhältst. Ritze nun die Knickkante des langen Streifens mit einer offenen Schere vor und schneide dann von außen bis zur Knickkante die Pappe im Abstand von ca. 1cm ein. An einer Seite knickst du alle eingeschnittenen Streifchen nach vorne, an der anderen Seite nach hinten. Bestreiche einen der Ringe mit Kleber.

Rolle jetzt den Pappstreifen locker zusammen und stelle ihn so auf den Tisch, dass die umgeknickten Klebeecken nach außen zeigen. Stülpe den Ring mit dem Kleber nach unten über diese Rolle und drücke alles gut fest. Drehe den Hut um, sodass die Krempe nach oben zeigt und die Klebekanten unten nach innen zeigen. Bestreiche einen der Kreise mit Klebstoff und stecke ihn in den Hut. Drücke wieder alles gut fest (das muss erst mal alles trocknen). Male jetzt die Streifen und den Kreis von den Bastelbogen B und C an und schneide sie anschließend aus. Klebe die beiden Streifen zu einem langen Streifen zusammen. Jetzt wird der Hut fertiggemacht. Klebe den zweiten Ring so auf den Hut, dass alle Klebelaschen verschwinden. Genauso klebst du auch den Kreis auf den Hut, bis alle Klebeecken versteckt sind. Bestreiche den bemalten Kreis mit Klebstoff und klebe ihn in den Hut. Bestreiche den bemalten Papierstreifen mit Kleber und lege den Hut damit von innen aus.

Bastelbogen A

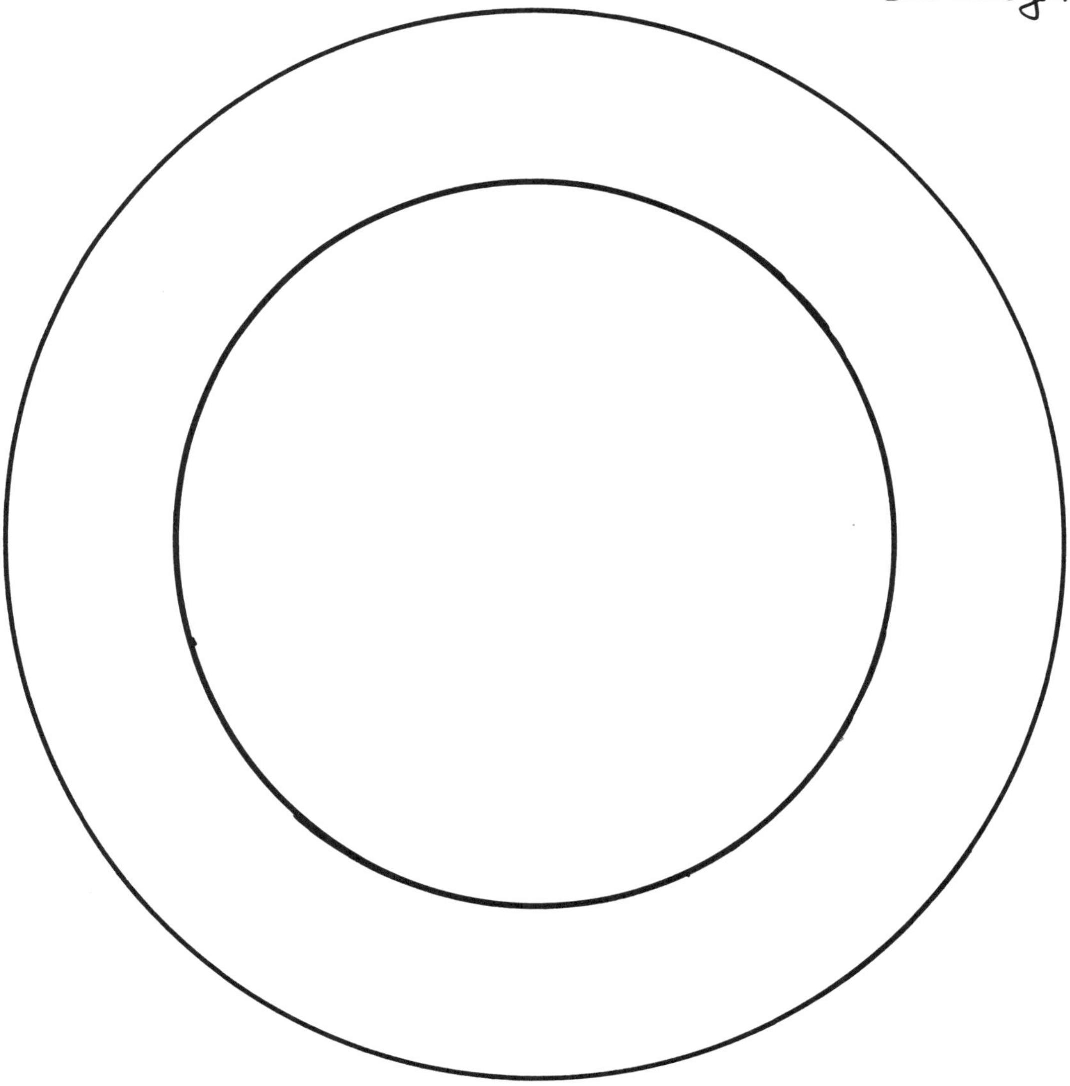

Bastelbogen B

Bastelbogen C

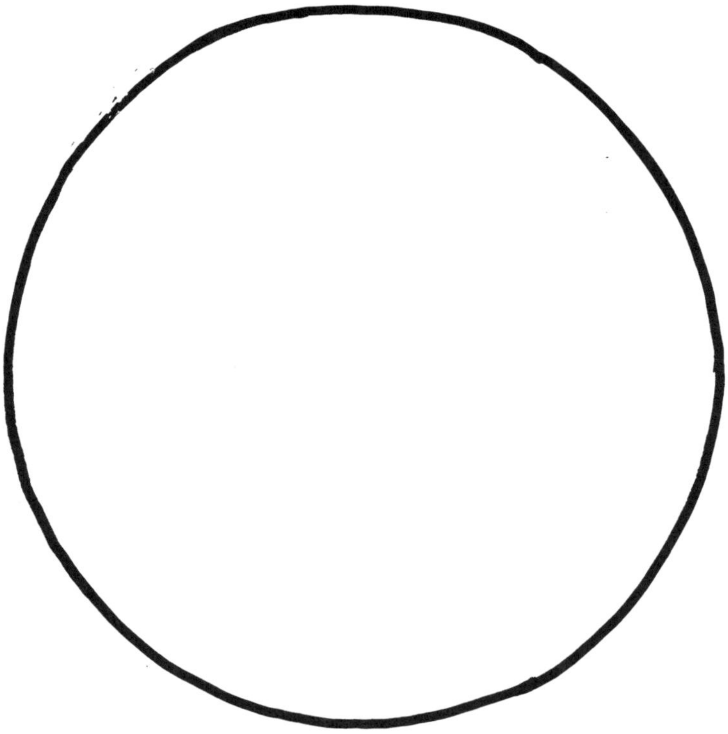

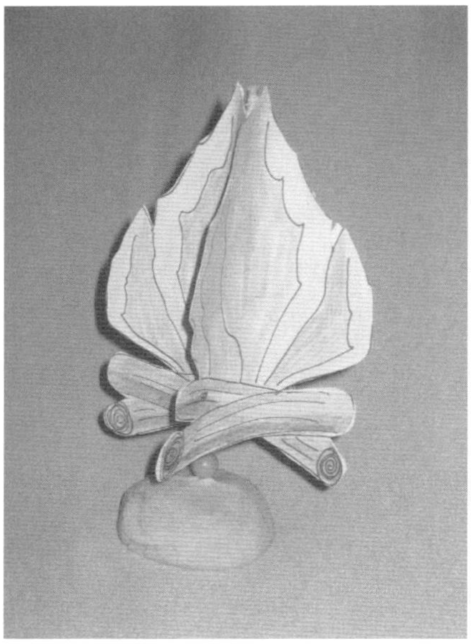

Gottes Geist begeistert

Eingangsgedanken: Apostelgeschichte 2,1-13
Vom Heiligen Geist begeistert können wir leben, so wie Jesus es uns gezeigt hat. Er ist der Wind in unseren Segeln, der uns in Bewegung bringt. Er ist die Flamme, die unser Leben erwärmt. In der Pfingstgeschichte kommt beides vor, der Wind, der wie ein Brausen war und das Feuer, das über den Köpfen der Menschen schwebte.

Alter: ab 5 Jahre

Materialliste:
Bastelbogen A, weißes, dickes Papier/weiße Pappe DIN A4, feine Stifte in kräftigen Farben, Scheren, Klebestifte, Schaschlikspieße, Strohhalme, Knetgummi, Holzperlen

Vorbereitung:
Kopieren Sie den Bastelbogen auf weißes Papier/weiße Pappe. Jedes Kind braucht zwei Kopien des Bastelbogens.

Bastelteile und Anleitung:
Die Kinder malen die einzelnen Teile an und schneiden sie anschließend aus. Dann werden die einzelnen Teile nacheinander mit Klebstoff bestrichen und aneinandergesetzt, sodass ein Kreuz entsteht. In der Mitte wird der Strohhalm mit eingeklebt. Aus dem Knetgummi wird eine Halbkugel geformt, die als Standfuß dient. In diesen Fuß wird der Schaschlikspieß gesteckt. Dieser ist die Achse des Feuerrades und sollte daher möglichst senkrecht stehen. Einige Holzkugeln werden auf den Spieß gefädelt, dann kommt das Flammenkreuz darauf.

Bastelbogen A

2x kopieren

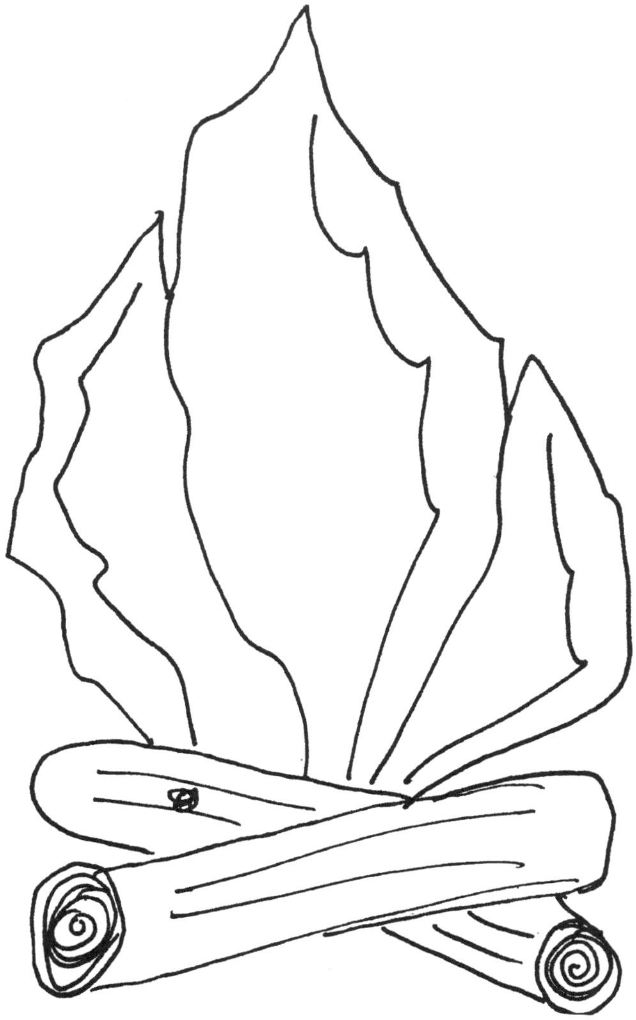

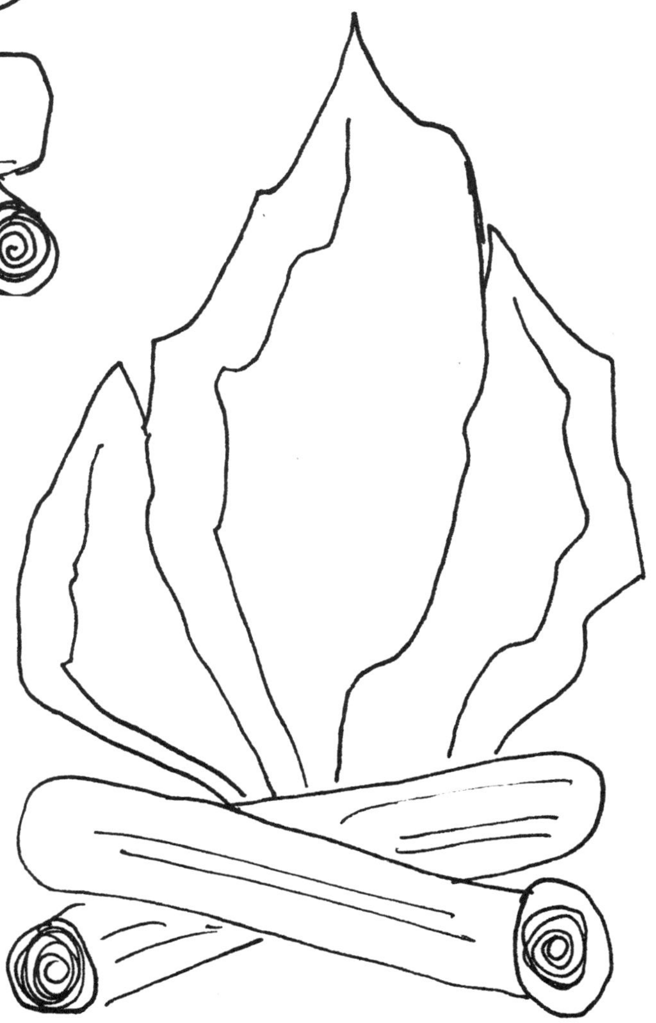

Wasser weltweit

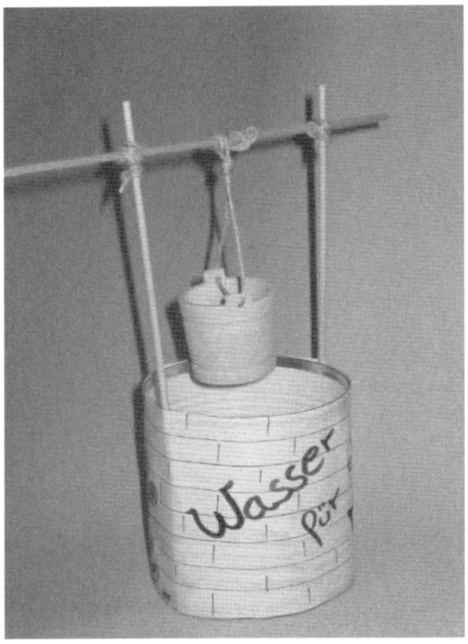

Eingangsgedanken:
Psalm 104, 1. Mose 13,1-12
Wasser ist das Grundlebensmittel. Ohne Wasser können wir nicht existieren. Wir selber sind zum großen Teil aus Wasser. Aber zuviel davon kann tödlich sein. Auch Kinder bekommen mit, welche Katastrophen Wasser anrichten kann. Doch auch die Trockengebiete der Erde sind nicht besonders gut dran, ihnen fehlt das Wasser zum Leben. Es ist also die gleichmäßige Verteilung, die unser Ziel sein sollte. Was steht davon in unserer Macht? Was können wir selber tun, um vielleicht Projekte zu unterstützen, die sich für den Bau von Brunnen einsetzen? Oder kann es uns ergehen wie Abraham, der sich von Gott versorgt weiß, obwohl er das schlechtere Land wählte?

Alter: ab 6 Jahre

Materialliste:
Bastelbogen A, weißes Papier, Buntstifte, Tesafilm, Schaschlikspieße, Scheren, Klebestifte, kleine Eimer (Bastelladen) oder ersatzweise Filmdosen, dünnes Paketband, kleine Konservendosen (350g Größe - z. B. Mais)

Vorbereitung:
Kopieren Sie den Bastelbogen auf weißes Papier.

Bastelteile und Anleitung:
Male die Bastelvorlage an und schneide sie anschließend aus. Mache die bunte Banderole von der Konservendose ab. Befestige mit dem Tesafilm zwei Schaschlikspieße senkrecht rechts und links an der Dose. Befestige einen Schaschlikspieß mit dem Paketband waagerecht an den beiden anderen Spießen. Klebe die bemalte Bastelvorlage mit dem Klebestift um die Dose. Befestige ein Band an dem Eimerchen. Klebe das Ende des Bandes mit etwas Tesafilm mittig an den waagerechten Spieß. Drehe den waagerechten Spieß, sodass sich das Band langsam aufwickelt und der Eimer über dem Brunnen hängt.

Bastelbogen A

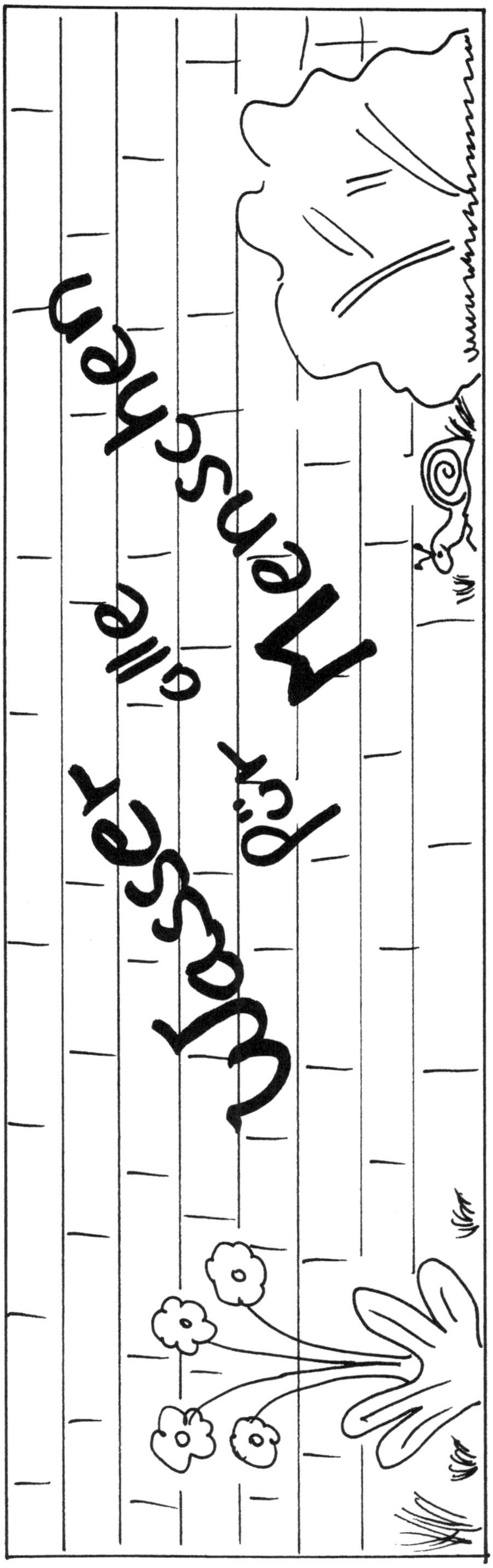

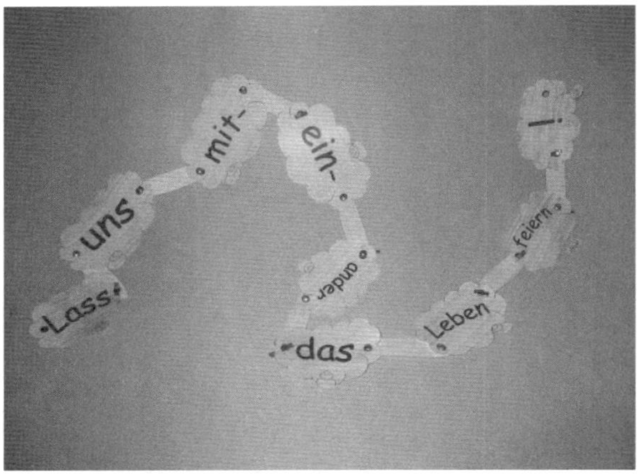

Lasst uns das Leben feiern

Eingangsgedanken: Psalm 8, Psalm 66
Gott gibt unserem Leben Liebe und Licht. Er tröstet uns und macht uns fröhlich. Schon die Engel der Heiligen Nacht haben den Hirten auf dem Felde eine große Freude verkündet. Diese Freude wollen wir miteinander feiern. „Der Gottesdienst soll fröhlich sein" heißt ein bekanntes Lied, das auch gerne im Kindergottesdienst gesungen wird. Zu einer fröhlichen Feier gehört auch die entsprechende Raumdekoration und die wollen wir basteln.

Alter: ab 4 Jahre

Materialliste:
Bastelbogen A und B, weißes, dickes Papier/weiße Pappe DIN A4, feine Stifte in kräftigen Farben, Scheren, Lochzange/Locher, Musterbeutelklammern

Vorbereitung:
Kopieren Sie die Bastelbogen auf weißes Papier/weiße Pappe.

Bastelteile und Anleitung:
Die Kinder malen die einzelnen Teile der Girlande an und schneiden sie anschließend aus. Mit einer Lochzange müssen die schwarzen Punkte, am besten von einem Erwachsenen, ausgestanzt werden. Dann werden die einzelnen Teile mit den Musterbeutelklammern miteinander verbunden.

Bastelbogen A

Bastelbogen B

Gott geht mit

Eingangsgedanken

Gott ist immer bei uns. Er begleitet uns und hält unsere Hand. Welche Geschichte kann das besser beschreiben als die Erzählung „Spuren im Sand" von Margaret Fishback.[1] Ein Mensch blickt auf seinem Lebensweg zurück und sieht zwei Fußspuren im Sand. Seine und die von Jesus/Gott. Nur als es schwere Zeiten gab, sind nur ein Paar Fußabdrücke zu sehen. Der Mensch fragt: „Wo warst du in dieser schweren Zeit?" Und Gott/Jesus antwortet: „Da war ich bei dir, da habe ich dich getragen! Die Spuren die du siehst, die sind von mir."

Alter: ab 4 Jahre

Materialliste:

Bastelbogen A, weißes, dickes Papier/weiße Pappe DIN A4, feine Stifte in kräftigen Farben, Scheren, Kartoffeln, kleine Schälmesser, Fingerfarben, Pinsel

Vorbereitung:

Kopieren Sie den Bastelbogen auf weißes Papier/weiße Pappe. Halbieren Sie die Kartoffeln und schneiden Sie mit den Schälmessern einen Fußabdruckstempel aus. Wenn Sie mit älteren Kindern basteln, können diese die Stempel auch selber ausschneiden.

Bastelteile und Anleitung:

Die Kinder malen die Vorlage auf dem Bastelbogen an und schneiden sie anschließend aus. Mit den Pinseln streichen sie die Stempel mit Farbe ein und stempeln die Füße auf die Vorlage. An der engen Stelle des Weges ist dann nur ein Paar Abdrücke zu sehen.

1 Originalfassung des Gedichts Footprints © 1964 Margaret Fishback Powers. Deutsche Fassung des Gedichts Spuren im Sand © 1996 Brunnen Verlag, Gießen.

Bastelbogen 4

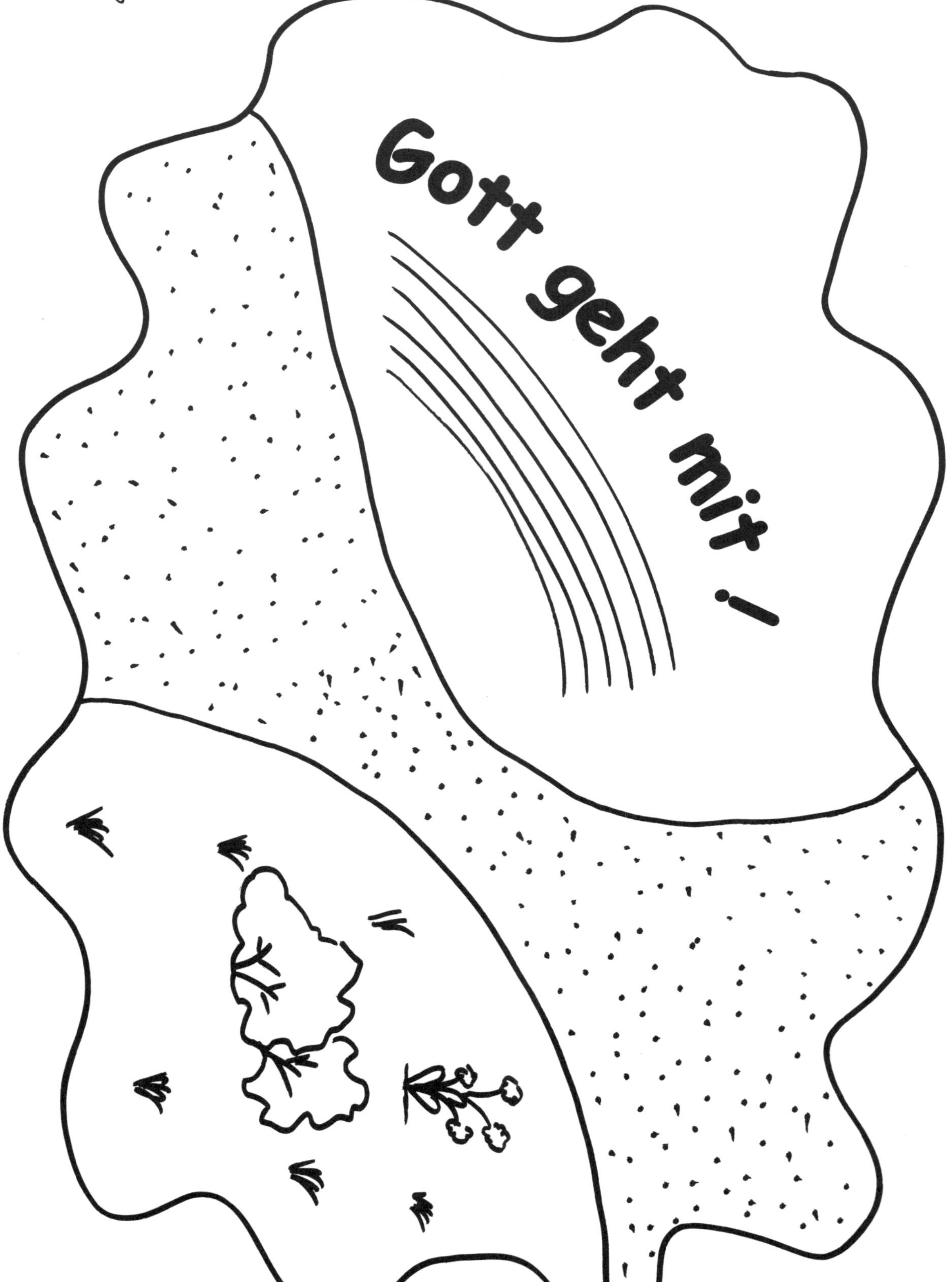

Jesus, meine Rettung

Eingangsgedanken: Markus 4,35-41
Jesus ist der Retter von uns Menschen. Er ist gekommen, um uns wieder zu Gott zurückzubringen: „Niemand kommt zum Vater, denn durch mich!". In der Geschichte der Sturmstillung hat dies auch eine sehr nautische Qualität. Jesus gebietet über Sturm und Wellen. Unser Vertrauen zu ihm ist wie ein Rettungsring für uns. Wie ein Rettungsring einen Menschen über Wasser hält, so hält der Glaube Jesus über dem Wasser des Sees. Petrus fehlt dieser Glaube noch, daher geht er unter.

Alter: ab 4 Jahre

Materialliste:
Bastelbogen A, weißes Papier, feine Stifte in kräftigen Farben, Scheren, Klebestifte, weiße Plastikgardinenringe (Baumarkt), 1,5 cm breite Streifen rote Klebefolie

Vorbereitung:
Kopieren Sie den Schriftzug auf dem Bastelbogen A auf weißes Papier.

Bastelteile und Anleitung:
Male den Schriftzug an und schneide die Banderole anschließend aus. Wickle kleine Streifen der roten Klebefolie um den Gardinenring, sodass ein rot-weißes Streifenmuster entsteht (wie ein Rettungsring). Lege die Banderole um den Ring und klebe sie mit etwas Klebstoff an der äußeren Kante zusammen.

Bastelbogen 7

	Jesus, meine Rettung!
	Jesus, meine Rettung!
	Jesus, meine Rettung!
	Jesus, meine Rettung!
	Jesus, meine Rettung!
	Jesus, meine Rettung!
	Jesus, meine Rettung!
	Jesus, meine Rettung!
	Jesus, meine Rettung!

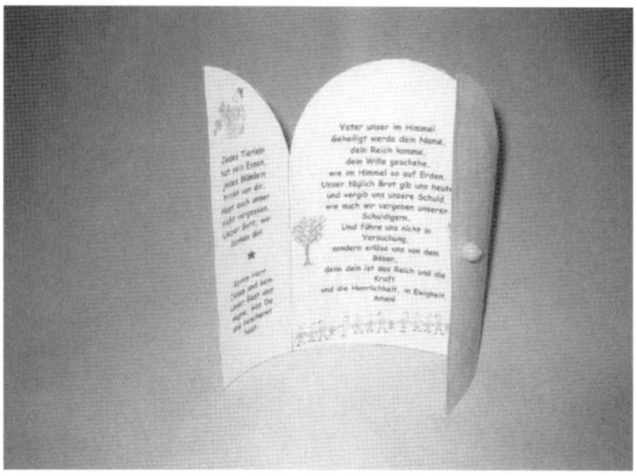

Beten

Eingangsgedanken: Matthäus 6,5 und Psalm 17,6
Beten ist die Möglichkeit, mit Gott zu sprechen. Im Gebet können wir Menschen unser Herz vor Gott ausschütten oder Ihm unsere Freude und unseren Jubel entgegenbringen. Schon kleine Kinder habe erste Erfahrungen mit Gebeten gemacht. Vielleicht sprechen sie mit ihren Eltern ein Tischgebet oder beten, wenn sie schlafen gehen. Vielleicht ist dies aber auch eine ganz neue Erfahrung, die sie im Kindergottesdienst gemacht haben. Beten sollen wir Menschen aus freiem Herzen, so, wie uns der Schnabel gewachsen ist. Manchmal gibt es aber Situationen, in denen man beten will und es fällt einem so gar nicht ein, wie man das Gebet formulieren soll. In der folgenden Bastelarbeit finden die Kinder das Vater unser, zwei Tischgebete und ein Nachtgebet. Damit können sie vielleicht den nächsten verbalen Engpass ausgleichen.

Alter: ab 4 Jahre

Materialliste:
Bastelbogen A, weißes, dickes Papier/weiße Pappe DIN A4, feine Stifte in kräftigen Farben, Scheren, Heißklebepistole, Holzperlen

Vorbereitung:
Kopieren Sie den Bastelbogen auf weißes Papier/weiße Pappe.

Bastelteile und Anleitung:
Die Kinder malen die Bastelvorlage an. Nachdem die Knickkanten mit einer offenen Schere vorgeritzt wurden, wird die Vorlage ausgeschnitten und wie eine Pforte mit zwei Türen zusammengefaltet. Als Türgriffe werden zwei Holzperlen mit einer Heißklebepistole auf die Vorderseite der Türen geklebt.

Bastelbogen A

Jedes Tierlein
hat sein Essen,
jedes Blümlein
trinkt von dir.
Hast auch unser
nicht vergessen.
Lieber Gott, wir
danken dir!

*

Komm Herr
Jesus und sein
unser Gast und
segne, was du
uns bescheret
hast.

Vater unser im Himmel.
Geheiligt werde dein Name,
dein Reich komme,
dein Wille geschehe,
wie im Himmel so auf Erden.
Unser täglich Brot gib uns heute
und vergib uns unsere Schuld,
wie auch wir vergeben unseren
Schuldigern.
Und führe uns nicht in
Versuchung,
sondern erlöse uns von dem
Bösen,
denn dein ist das Reich und die
Kraft
und die Herrlichkeit, in Ewigkeit,
Amen!

So ein schöner
Tag war heute,
lieber Gott,
und so viel
Freude
hast du wieder
mir gemacht.
Dankbar sag
ich gute Nacht.

Unsere Kirche

Eingangsgedanken

In einer Kirche zu sein, ist für alle Kinder etwas ganz Besonderes. Nicht nur die beeindruckende Größe des Gebäudes, sondern auch die besondere Atmosphäre innerhalb wird von den Kindern ganz besonders wahrgenommen. Was aber genau in einer Kirche für besondere Orte (Altar, Kanzel, Orgel ...) sind, ist den meisten Kindern fremd. Ein intensiver Gang durch die eigene Kirche, auch mal hinter den Altar zu sehen, ist auf jeden Fall ein spannendes Erlebnis.

Alter: ab 5 Jahre

Materialliste:

Bastelbogen A und B, weißes, dickes Papier/weiße Pappe DIN A4, feine Stifte in kräftigen Farben, Scheren, Klebestifte, Cuttermesser

Vorbereitung:

Kopieren Sie die Bastelbogen auf weißes Papier/Pappe. Schneiden sie die Fenster und Türen, die geöffnet werden sollen, mit einem Cuttermesser an drei Seiten auf.

Bastelteile und Anleitung:

Die Kinder malen die beiden Bastelbogen an und schneiden sie anschließend aus. An den markierten Klebeflächen wird etwas Kleber aufgetragen und die beiden Kirchenteile werden aufeinander geklebt.

Bastelbogen A

Bastelbogen B

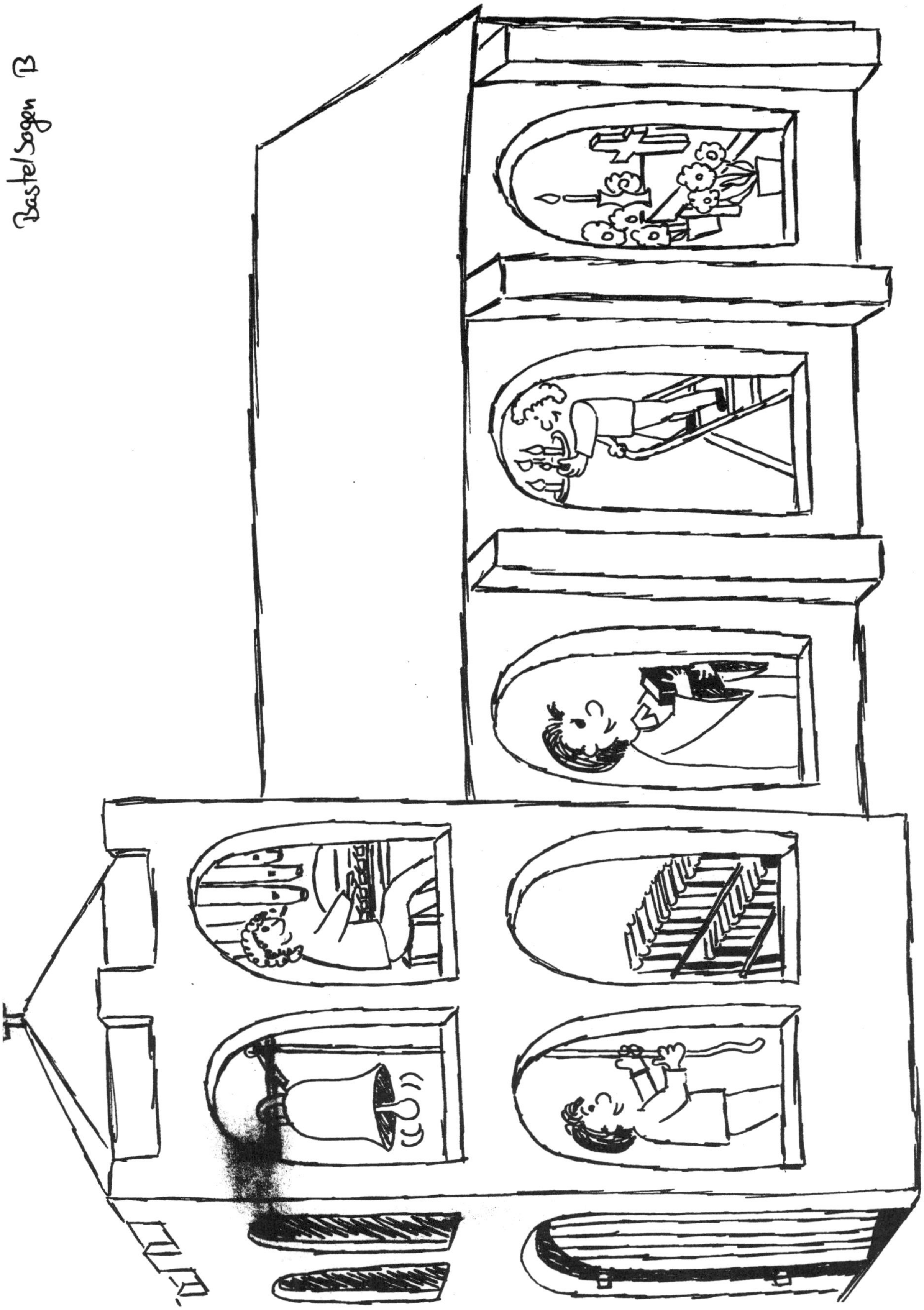

Das Abendmahl

Eingangsgedanken
Das Brot des Abendmahls sieht in den meisten Kirchengemeinden unserer christlichen Welt gar nicht mehr wie ein Brot aus. Kleine runde Oblaten, ohne nennenswerten Eigengeschmack, ähneln in nichts dem kräftigen Vollkornbrot, das es beim Frühstück gab. Das dies Brot aber durchaus etwas Besonderes ist, von dem eigentlichen Abendmahlsgedanken abgesehen, lernen die Kinder vielleicht, wenn sie einmal ihr eigenes Abendmahlsbrot backen.

Alter: ab 4 Jahre

Materialliste:
300 g Mehl, 120 ml Wasser, $^{1}/_{2}$ Teelöffel Salz, Nudelrollen, runde Ausstechförmchen oder kleine Gläser

Bastelteile und Anleitung:
Die Kinder fertigen aus den Zutaten einen geschmeidigen Teig, der möglichst dünn ausgerollt werden muss. Dann stechen die Kinder mit den Förmchen oder den Gläsern runde Brotscheiden aus. Diese werden im Ofen bei 180 °C gebacken. Da die Backzeit von der Dicke der ausgestochenen Brotscheiben abhängig ist, müssen Sie die Backzeit nach Gefühl einschätzen.

Angst haben und Vertrauen finden

Eingangsgedanken
Auch kleine Kinder haben schon Ängste. Vielleicht mögen sie in den Augen Erwachsener banal erscheinen, aber für die Kinder sind sie genauso belastend wie unsere „Erwachsenensorgen" für uns. Daher ist es auch bei kleinen Kindern schon wichtig, sie daran zu erinnern, dass sie nicht alleine sind auf dieser Welt. Gott ist da und liebt uns Menschen. Wir dürfen ihm und seinen Worten vertrauen und können unsere Ängste überwinden.

Alter: ab 5 Jahre

Materialliste:
Bastelbogen A, buntes Papier, feine Stifte in kräftigen Farben, Scheren

Vorbereitung:
Kopieren Sie den Bastelbogen auf weißes Papier.

Bastelteile und Anleitung:
Die Kinder schneiden die Blume aus und klappen alle Blütenblätter zur Mitte hin um. Dann schreiben oder malen sie auf die Rückseite der Blütenblätter (die jetzt ja nach oben zeigen) was ihnen Angst macht. Gemeinsam legen alle Kinder ihre gefalteten Blüten in eine Schale mit Wasser und die Blumen werden von selber erblühen.
Tipp: Wenn möglich, können die Blumen auch im Taufbecken zum Blühen gebracht werden. Da wäre dann auch eine gute Verbindung zum Thema „Taufe - Angenommen bei Gott sein" möglich.

Bastelbogen A

Anderen Menschen helfen

Eingangsgedanken

Die Kinder wachsen heute leider vielerorts in einer Gesellschaft auf, in der nur das Weiterkommen zählt. Andere Menschen spielen in diesem Leben nur eine untergeordnete Rolle. Anderen Menschen zu helfen wird oft schon fast als Zeitverschwendung betrachtet. Doch als Christen müssen wir anders denken. „Liebe deinen Nächsten, seid gut zueinander ..." Gottes Auftrag ist ganz klar: „Helft den Schwachen!" (Matthäus 25,45).

Bei dem gebastelten Memory können die Kinder spielerisch überlegen, wie man in den Notfallsituationen auf den Kärtchen am besten helfen könnte.

Alter: ab 4 Jahre

Materialliste:

Bastelbogen A und B, weißes, dickes Papier/weiße Pappe DIN A4, grüne Pappe DIN A4, blaue Pappe DIN A4, Klebestifte, feine Stifte in kräftigen Farben, Scheren

Vorbereitung:

Kopieren Sie die Bastelbogen auf weißes Papier/weiße Pappe. Kleben Sie den Bastelbogen A anschließend komplett auf die grüne Pappe und den Bastelbogen B auf die blaue Pappe.

Bastelteile und Anleitung:

Die Kinder malen die einzelnen Memorybildchen an und schneiden anschließend die einzelnen Kärtchen aus. Dann kann das Spiel beginnen.

Bastelbogen A

Bastelbogen B

Der Himmel geht über allen auf

Eingangsgedanken

„Der Himmel geht über allen auf, auf alle über, über allen auf ..."[2] Der Text dieses Liedes macht es ganz deutlich: Der Himmel ist mehr als das Wolkengebilde über uns. Der Himmel ist in uns, über uns und um uns herum. Wir selber können mit unserem Leben und Handeln ein Teil dieses Himmels werden.

Alter: ab 7 Jahre

Materialliste:

Bastelbogen A, weißes, dickes Papier/weiße Pappe DIN A4, blaue Pappe, feine Stifte in kräftigen Farben, Scheren, dünnes Band, Schaschlikspieße, Lochzange

Vorbereitung:

Kopieren Sie den Bastelbogen auf weißes Papier/weiße Pappe. Fertigen Sie von der Wolke eine Schablone an und umzeichnen Sie diese auf die blaue Pappe. Jedes Kind sollte mindestens fünf Wolken bekommen.

Bastelteile und Anleitung:

Die Kinder malen die Bastelvorlage an und schneiden sie anschließend aus. Dann schneiden sie die vorgezeichneten Wolken aus. Beim Zusammenfügen des Mobiles brauchen sie sicher noch einige Hilfe. Es wäre gut, wenn diese Bastelaktion von mehreren Erwachsenen begleitet werden könnte.

2 Lied Nr. 7 aus „Menschenskinderlieder", Menschenkinder Verlag, Münster

Bastelbogen A

Komm, bau ein Haus, das uns beschützt

Eingangsgedanken:
„Komm, bau ein Haus, das uns beschützt, pflanz einen Baum, der Schatten wirft ..."[3] Dieses Lied beinhaltet viele schöne Bilder, wie wir Gottes Handeln an uns verstehen können. Er ist ein Haus, das uns beschützt, im Schatten seines Baumes können wir uns ausruhen und über uns blüht der Himmel. Das Lied ist im Kindergottesdienst immer wieder vertreten, warum widmen wir ihm nicht einmal einen eigenen Kindergottesdienst als Hauptthema?

Alter: ab 4 Jahre

Materialliste:
Bastelbogen A, weißes Papier DIN A4, feine Stifte in kräftigen Farben

Vorbereitung:
Kopieren Sie den Bastelbogen auf weißes Papier.

Bastelteile und Anleitung:
Die Kinder brauchen das Bild nur noch anmalen.

3 Lied Nr. 91 aus „Menschenskinderlieder", Menschenkinder Verlag, Münster

Bastelvorlage A

Symbol Hand

Eingangsgedanken
Die Hand spielt als Symbol im christlichen Verständnis eine große Rolle. Wir alle leben in Gottes Hand. Unsere Zeit steht in Gottes Händen. Mit unseren Händen sollen wir Gutes tun. Mit unseren Händen, also mit dem, was wir tun, können wir auf dieser Welt Spuren hinterlassen.

Alter: ab 3 Jahre

Materialliste:
Bastelgips, Deckel von Schuhkartons, Frischhaltefolie, Schaschlikspieß

Vorbereitung:
Fertigen Sie einen großen Eimer Bastelgips nach Packungsbeilage an (nicht zu flüssig).

Bastelteile und Anleitung:
Jedes Kind bekommt einen Deckel, den es mit Folie auslegt. Dann wird der Gips auf die Deckel verteilt. Alle Kinder drücken nun ihre Hände in den feuchten Gips. Mit einem Schaschlikspieß kann nun auch noch der Name des Kindes in den Gips geritzt werden.

Die Taufe

Eingangsgedanken
In der Taufe nimmt Gott ein Kind als sein Kind an und verspricht ihm damit, immer bei ihm zu stehen. Gottes Liebe soll nun nicht mehr aufhören. Das ist ein Schatz, den die Kinder ihr ganzes Leben lang bei sich tragen.

Alter: ab 6 Jahre

Materialliste:
Bastelbogen A, weißes, dickes Papier/weiße Pappe DIN A4, feine Stifte in kräftigen Farben, Scheren, Klebestifte, blaue Glastropfenperlen (als Erinnerung an das Wasser der Taufe), Watte

Vorbereitung:
Kopieren Sie den Bastelbogen auf weißes Papier/weiße Pappe.

Bastelteile und Anleitung:
Die Kinder malen die Bastelvorlage A an und schneiden sie anschließend aus. Mit etwas Kleber an den Klebelaschen wird die Schatzkiste zusammengesetzt. Zum Schluss wird die Schatzkiste mit etwas Watte ausgepolstert.
Jedes Kind bekommt als Erinnerung an seine Taufe kleine Tauftropfenperlen geschenkt, die es in der Schatzkiste aufbewahren kann.

Bastelvorlage A

Die Dornenkrone

Eingangsgedanken: Matthäus 27,1+2,11-30
Jesus wird von den Soldaten gefangengenommen und anschließend, wenn auch unter Zögern, von Pontius Pilatus verurteilt. Doch der Verlauf der Urteilsvollstreckung wird mehr und mehr zum Schauprozess. Jesus wird gequält, verspottet und gedemütigt. Ein Teil dieser Verspottung ist die Dornenkrone. Jesus bekommt sie von den Soldaten auf den Kopf gedrückt, um ihn als König der Juden zu krönen. Dabei schlagen und bespucken sie ihn. Auch an diesem Symbol wird deutlich, dass Jesus ein ganz anderer König ist, als die Menschen sich vorstellen können.

Alter: ab 5 Jahre

Materialliste:
Zweige von verschiedenen Büschen (ohne Dornen), Christusdorn (Blume)

Bastelteile und Anleitung:
Die Kinder flechten aus den Zweigen eine (Dornen)Krone. Am Ende wird ihnen die Christusdornblume gezeigt, damit sie sehen, aus welchen Zweigen die Dornenkrone eigentlich gemacht war.

Der Kelch

Eingangsgedanken: Matthäus 26,17-30
Das letzte Abendmahl, das Jesus zusammen mit seinen Jüngern gefeiert hat, war auch der Beginn von etwas Neuem. Jesus wusste, dass er sterben wird. Sicher kannte er seine Jünger gut genug, sodass er wusste, dass ihnen die menschliche Neigung zum Zweifeln sicher auf ihrem weiteren Weg eine Behinderung wäre. Also zeigte er ihnen bei diesem letzten Mahl ganz praktisch, wie sie sich immer an ihn erinnern sollten und was er alles für sie getan hatte. So teilte er das Brot und reichte den Kelch herum. Dies sollten sie immer tun zu seinem Gedächtnis. So wurde das Trinken aus dem Kelch und das Brechen des Brotes in unserer kirchlichen Praxis ein gemeinschaftliches Symbolhandeln zur Erinnerung an Jesu Tod und seine Auferstehung.

Alter: ab 6 Jahre

Materialliste:
Bastelbogen A, weißes, dickes Papier/weiße Pappe DIN A4, feine Stifte in kräftigen Farben, Scheren, Klebestifte

Vorbereitung:
Kopieren Sie den Bastelbogen auf weißes Papier/weiße Pappe.

Bastelteile und Anleitung:
Die Kinder malen die beiden Teile des Kelches an und schneiden sie anschließend aus. Die Teile werden dann zusammengeklebt und aufeinandergesetzt.

Bastelbogen A

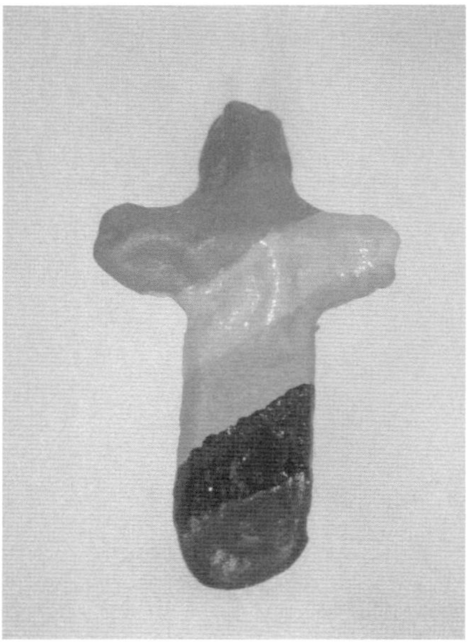

Das Kreuz

Eingangsgedanken: Matthäus 27,31-61
Das Kreuz hatte zu Jesus Lebzeiten überhaupt nichts Besonderes zu bedeuten. Es war ein gängiges Werkzeug, um die Todesstrafe zu vollstrekken. Sklaven und Schwerverbrecher wurden gekreuzigt. Jesus starb also den niedersten aller Tode. Zusammen mit Verbrechern wurde er von den Soldaten verhöhnt und verspottet. Doch das Kreuz hatte nur einen kurzen Sieg über Jesus. Jesus steht von den Toten auf. Das Kreuz, zuerst Symbol einer endgültigen Niederlage, wird zum Zeichen für den auferstandenen Christus, der den Menschen das Leben mit Gott für alle Zeit ermöglicht.

Alter: ab 4 Jahre

Materialliste:
Salz, Wasser, Mehl

Vorbereitung:
Bereiten Sie aus 3 Tassen Mehl, 2 Tassen Salz und $1\frac{1}{4}$ Liter lauwarmem Wasser (Teigmenge je nach Gruppengröße verdoppeln) einen elastischen Salzteig.

Anleitung:
Jedes Kind bekommt einen kleinen Klumpen Salzteig und formt daraus ein ganz persönliches Kreuz.